SCHULD UND SCHAM

DIE UNHEILIGEN GESCHWISTER

SCHULD UND SCHAM

DIE UNHEILIGEN GESCHWISTER

ÜBERWINDUNG, HEILUNG, VERMEIDUNG

BY

KURT GASSNER

Schuld Und Scham Die Unheiligen Geschwister
Kurt Gassner

Impressum
My-mindguide – The publishing trademarke of trendguide Capital GmbH, Klenzestr. 42a, 80469 Munich, Germany.

Reg. Nr. HRB Munich 206639, VAT 152 123 159, CEO: Kurt Friedrich Gassner
Web: www.my-mindguide.com, mail: gassner@my-mindguide.com

Paperback ISBN: 978-3-98793-031-7
Hardback ISBN: 978-3-98793-032-4

INHALT

Guilt Game

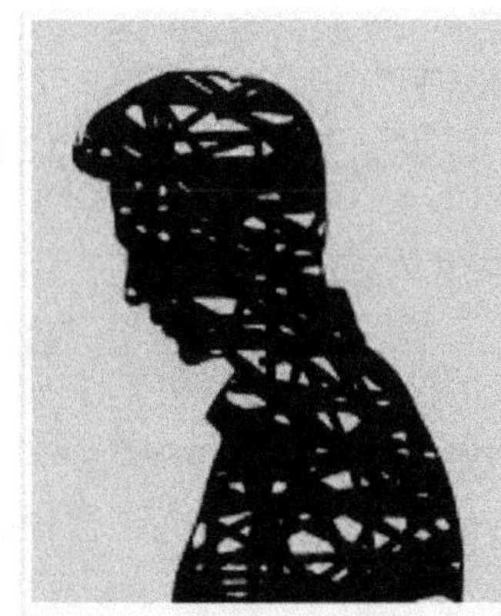

My-mindguide.com

EINFÜHRUNG

WARUM ICH DIESES BUCH GESCHRIEBEN HABE

Hinweis: Ich habe mich dazu entschieden, im folgenden Werk die Leser zu duzen.

Auch wenn du die Begriffe Scham und Schuld austauschbar verwendest, um deine Emotionen auszudrücken, gibt es einen wichtigen Unterschied zwischen ihnen. Während dir Schuldgefühle dabei helfen können, die Auswirkungen deiner Handlungen auf andere zu verstehen, ist Scham ein nach innen gerichtetes Gefühl. Es zeigt, wie du dich selbst siehst. Schuldgefühle können dir helfen, während der Genesung voranzukommen; Scham hingegen hält dich in der Vergangenheit fest.

Schuld- und Schamgefühle sind Bestandteile des Lebens. Wenn man Schamgefühle zulässt, kann dies zu Selbstbestrafung und schädlichen Handlungen führen. Scham wird u. a. mit Sucht, Depression, Selbstmord und Gewalt in Verbindung gebracht, während Schuldgefühle mit all diesen Dingen in umgekehrter Richtung verbunden sind. Es mag zwar verlockend sein, sich selbst und andere zu bestrafen, während du deine Scham aufarbeitest, aber das ist kontraproduktiv für deine Genesung.

Reue hingegen kann dir bei deinem Heilungsprozess helfen. Schuldgefühle sind ein Zeichen dafür, dass du dich in einem guten Genesungsprozess befindest. Sie ermöglichen es dir, die Kontrolle über dein Verhalten zu übernehmen und es zu ändern. In der Genesung musst du dich auf Schuldgefühle konzentrieren, ihnen zuhören und sie dann umkehren. Du solltest die Verantwortung für deine Fehler übernehmen, dich für sie entschuldigen und sie korrigieren. Dann bist du auf dem besten Weg, ein Leben zurückzuerobern, das einst von schädlichen Ideen beherrscht wurde.

Das liegt an der Unterscheidung zwischen Scham und Schuld (wer ich bin und was ich getan habe). Da Schuldgefühle betonen, was jemand falsch gemacht hat, rufen sie eher konstruktive Reaktionen hervor, vor allem solche, die den Schaden beheben wollen. Schuldgefühle sind untrennbar mit den eigenen Ansichten über richtiges und falsches, moralisches und unmoralisches Verhalten verbunden. Wenn wir gegen eine dieser moralischen Regeln verstoßen, empfinden wir Schuldgefühle für unsere Handlungen und wollen unser Unrecht wiedergutmachen (siehe kognitive Dissonanz). Folglich spielen Schuldgefühle eine entscheidende Rolle bei der Aufrechterhaltung individueller und gesellschaftlicher Vorstellungen von richtig und falsch. Schuldgefühle werden daher häufig eingesetzt, um Dissonanzen zu beseitigen.

Scham hingegen betont, was mit einem selbst nicht in Ordnung ist. Sie ist viel stärker nach innen gerichtet, was dazu führt, dass sich die beschämten Parteien eher über sich selbst als über ihre Handlungen schlecht fühlen. Infolgedessen verlagert sich das Verhalten häufig nach innen - man meidet andere, verbirgt sein Gesicht, zieht sich aus sozialen Situationen zurück. Scham kann daher ein Problem darstellen, da sie häufig weniger konstruktiv ist als Schuldgefühle. Scham kann nämlich dazu führen, dass man sich aus sozialen Situationen zurückzieht und in der Folge ein defensives, aggressives und vergeltendes Verhalten an den Tag legt, was wiederum den Konflikt verschärft.

Sowohl Schuld als auch Scham können erheblich zur Auslösung aber auch Lösung von Konflikten beitragen. Insbesondere Scham kann eine bedeutende Rolle bei der Entstehung von Streitigkeiten spielen. Die Art der Demütigung und der darauf folgende Rückzug und reaktive Ausschlag können eine bereits belastende Situation eskalieren lassen. Dies kann zu einem Teufelskreis des Konflikts führen: Wenn eine Partei die andere schlägt, leidet das Selbstwertgefühl beider Parteien, was die kollektive Scham verstärkt. Dies führt dazu, dass das feindselige Verhalten fortgesetzt wird. Nehmen wir einen ethnischen Konflikt, insbesondere einen, in dem die Mitglieder einer Seite aufgrund ihrer ethnischen Zugehörigkeit als Bürger zweiter Klasse behandelt wurden. Die Demütigung darüber, wer sie sind, führt zu Vergeltungsmaßnahmen und aggressiven Verhaltensweisen.

Wenn eine oder beide Parteien während des Scheidungsprozesses aus verschiedenen Gründen beschämt wurden, können die daraus resultierenden Reaktionen die negativen Aspekte einer ohnehin schon miserablen Erfahrung nur noch verschlimmern.

Schuld und Scham sind beides wichtige soziale Einflüsse. Beide sind untrennbar mit sozialen Kontexten verbunden. Unsere Vorstellungen von Schuld und Scham (richtig und falsch) werden in sozialen Kontexten wie Erziehung,

Familie und Beruf geprägt. Daher müssen Ausbilder, Eltern, Freunde und Familienmitglieder dafür sorgen, dass andere in ihrer unmittelbaren Umgebung (insbesondere Jugendliche) ein starkes Selbstwertgefühl haben. Indem wir Einfühlungsvermögen und Fürsorge für andere an den Tag legen, zeigen wir, dass ein Fehlverhalten nicht immer ein schlechtes Licht auf den Einzelnen wirft. Indem wir die Tat vom Handelnden trennen, können wir dazu beitragen, Scham und ihre negativen Konnotationen zu beseitigen und gleichzeitig ein gesundes Gefühl für Recht und Unrecht und, wenn nötig, für Schuld zu entwickeln.

Guilt Game

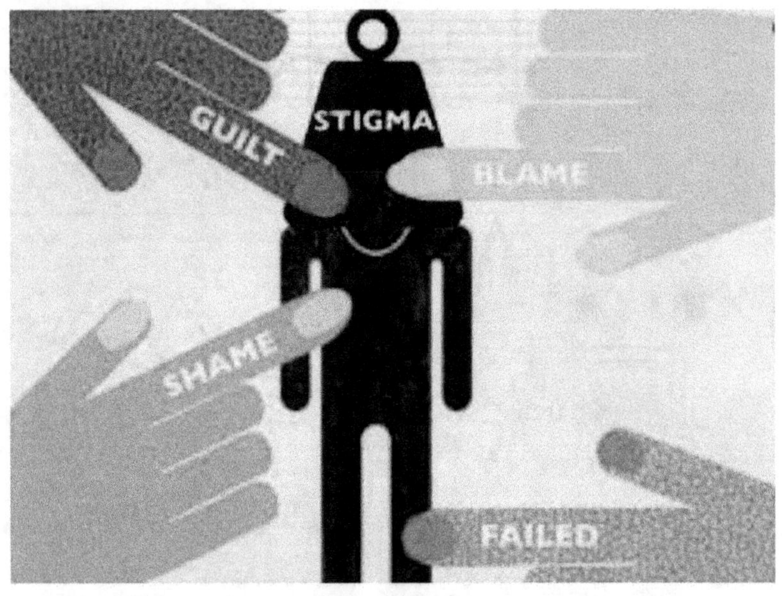

My-mindguide.com

WAS IST SCHULD?

Schuld ist ein unangenehmes Gefühl, das wie Scham, Peinlichkeit und Stolz als eine affektive Emotion beschrieben wird, die mit Selbstbeobachtung verbunden ist. Menschen können aus verschiedenen Gründen Schuldgefühle empfinden, z. B. wegen Handlungen, die sie begangen haben (oder von denen sie glauben, dass sie sie begangen haben), weil sie etwas nicht getan haben, was sie hätten tun sollen, oder weil sie moralisch falsche Gedanken haben.

Schuldgefühle sind eine natürliche Reaktion, wenn man einem anderen Schaden zufügt. Schuldgefühle sind egozentriert und haben gleichzeitig eine starke soziale Komponente: Es wird angenommen, dass sie wichtige zwischenmenschliche Funktionen erfüllen, indem sie die Wiederherstellung wertvoller Beziehungen fördern und sich Aktivitäten widersetzen, die diese gefährden könnten. Allerdings können übermäßige Schuldgefühle die Betroffenen unnötig belasten.

Was ist die Quelle der Schuld, und wie kann sie überwunden werden?

Die meisten von uns haben schon einmal Scham erlebt - sie ist ein natürlicher Teil unserer menschlichen Natur, von Schuldgefühlen, weil wir nicht genug Zeit mit unseren Lieben verbringen, über die Weigerung, Freunden oder Kollegen Nein zu sagen, bis hin zum Betrug am Partner. Und weil wir alle einzigartig sind, reagieren wir auch alle unterschiedlich darauf.

In seiner reinsten Form ist Schuld ein Gefühl des Bedauerns oder der Traurigkeit über eine vergangene Handlung. Wir empfinden es, wenn wir glauben, dass wir einen Schaden verursacht oder gegen unseren Moralkodex verstoßen haben. Es dient als unser moralischer Kompass. Unsere Ideale und die Art und Weise, wie wir unsere Gefühle verarbeiten, beeinflussen, wie wir auf bestimmte Situationen reagieren. So kann es sein, dass eine Person in einer bestimmten Situation überreagiert, während eine andere nicht einmal zögert.

Arten von Schuld

Schuldgefühle werden in zwei Typen eingeteilt: gesunde, vernünftige Schuldgefühle und ungesunde, irrationale Schuldgefühle.

Angemessene Schuldgefühle

Schuldgefühle sind zwar ein unangenehmes Gefühl, aber „richtige" Schuldgefühle helfen, unser soziales Verhalten zu regulieren. Sich aus einem legitimen Grund schuldig zu fühlen, zeigt, dass unser Gewissen und unsere kognitiven Fähigkeiten richtig funktionieren und uns davon abhalten, Fehler zu wiederholen oder zu machen. Dies gibt uns die Möglichkeit, aus unseren Fehlern zu lernen und unser Verhalten in Zukunft zu ändern.

Das ständige Gefühl von Schuld wird als „Schuldbewusstsein " bezeichnet, und man geht davon aus, dass Menschen, die dieses Gefühl haben, eine tiefe Verbindung zu ihren eigenen Gefühlen - und denen anderer - haben.

Irrationale Schuldgefühle

Die unlogische Art - wenn wir fälschlicherweise die Verantwortung für eine Situation übernehmen oder das verursachte Leid überbewerten - ist etwas ganz anderes und kann sehr schädlich sein, wenn wir nichts dagegen unternehmen.

Übermäßige, ungerechtfertigte Schuldgefühle werden mit psychischen Krankheiten wie Angst, Traurigkeit, Dysphorie (ständiges Unglücklichsein) und Zwangsstörungen in Verbindung gebracht. Dies kann dazu führen, dass Patienten annehmen, sie seien eine Belastung für ihre Angehörigen. Unkontrollierte Schuldgefühle können auch zu verminderter Konzentration und Produktivität, schlechter Stimmung, erhöhtem Stress und Schlafmangel führen. Infolgedessen können unsere Beziehungen, unsere täglichen Aktivitäten und unsere allgemeine Lebenseinstellung erheblich darunter leiden.

Wie können wir verhindern, dass diese Emotionen außer Kontrolle geraten?

Dr. Mark Winwood, klinischer Leiter der Abteilung für psychische Gesundheit bei AXA Health, gibt einige Ratschläge zum Thema Schuldgefühle.

1. Entwickle eine Achtsamkeitspraxis. Achtsame Meditation konzentriert sich auf den Atem, um die Aufmerksamkeit auf den gegenwärtigen Moment zu lenken. Dies kann helfen, eine Verbindung zwischen Geist und Körper herzustellen und die Schuldgefühle zu relativieren.

2. Lenke dich mit etwas ab, das dir hilft, dich zu entspannen - Musik, ein Buch, Bewegung oder sogar ein frischer Lufthauch.

3. Sei proaktiv: Wenn du glaubst, dass deine Schuldgefühle gerechtfertigt sind und du zu diesem Schluss kommst, dann handle. Mache deine Fehler wieder gut und gehe weiter.

4. Mach' dir keine Vorwürfe. Das ständige Wiedererleben vergangener Fehler nützt niemandem, schon gar nicht dir.

5. Erinnere dich daran, dass es keine Perfektion gibt: Das Streben nach einer idealen Lösung kann zu einer geistigen Blockade führen, die kontraproduktiv ist. Lerne stattdessen, die unter den gegebenen Umständen „beste" Lösung zu akzeptieren, und bewahre eine gewisse Perspektive.

Es gibt keine schnelle Lösung für Schuldgefühle. Wenn sie jedoch gerechtfertigt sind, ist es weitaus gesünder, sie nicht zu verdrängen. Akzeptiere sie stattdessen und verwende sie, um dich zu motivieren, in Zukunft optimistischer zu sein.

UMGANG MIT SCHULDGEFÜHLEN

Schuld ist ein emotionaler Zustand, in dem wir mit uns selbst in Konflikt geraten. Wir glauben, dass wir etwas falsch gemacht haben (oder umgekehrt, dass wir etwas nicht getan haben, von dem wir glauben, dass wir es hätten tun sollen). Dies kann zu einem anhaltenden und schwer zu bewältigenden emotionalen Zustand führen.

Wenn du Schuldgefühle hast, konzentrierst du dich wahrscheinlich auf etwas Peinliches, das du getan hast, auf etwas Verletzendes, das du einer anderen Person angetan hast, oder auf ein anderes Verhalten, das unangenehme Folgen für dich oder eine andere Person hatte. Manchmal können diese

Schuldgefühle überwältigend werden, und du bist vielleicht nicht mehr in der Lage, die Heftigkeit deiner Gefühle zu kontrollieren.

Schuld und Scham sind insofern vergleichbare Emotionen, als sie beide mit einem Gefühl des Selbsthasses verbunden sind. Im Allgemeinen beziehen sich Schuldgefühle auf etwas, das man getan (oder nicht getan) hat. Scham hingegen wird häufig als das Gefühl empfunden, ein unwürdiger, unangenehmer Mensch zu sein. Wenn sich Scham in der eigenen Identität verankert und festsetzt, wird sie zu einem äußerst schädlichen und schrecklichen Gefühl.

Es ist bemerkenswert, wie schnell sich Scham für die kleinsten, unbedeutendsten Ereignisse in unserem Leben einstellen kann. Als normaler Bestandteil des Aufwachsens in einem sozialen Umfeld lernen die meisten Menschen, ihre Schuldgefühle zu erkennen und mit ihnen umzugehen. Ihr Ziel ist es, uns darauf aufmerksam zu machen, dass wir etwas falsch gemacht haben. Sie sollen uns helfen, ein differenzierteres Verständnis für unser Verhalten zu entwickeln und dafür, wie es sich auf uns selbst und andere auswirkt. Außerdem zwingen sie uns, unser Verhalten zu überdenken, damit wir denselben Fehler nicht wiederholen.

Ungesundes Schuldgefühl

Ungesunde Schuldgefühle halten uns davon ab, Fehler zu machen; wir stellen unangemessene Erwartungen an uns und andere. Schuldgefühle sind ungesund, wenn sie übertrieben sind oder unmittelbaren Kummer verursachen. Ungesunde Schuldgefühle können sich aus folgenden Gründen entwickeln:

- Eine Kollision von Werten. Während einige Kulturen beispielsweise sehr strenge Vorschriften für das Sexualverhalten haben, ist die australische Kultur im Allgemeinen sehr locker, wenn es um Sex geht. Ein Kind, das in Australien aufgewachsen ist, aber Eltern aus einer anderen Kultur hat, schämt sich möglicherweise für sein Sexualverhalten, weil die kulturellen Wertesysteme aufeinanderprallen.

- Übermäßig strenge oder missbräuchliche Disziplinierung. Wenn Verhaltensnormen auf missbräuchliche oder übermäßig gewalttätige Weise durchgesetzt werden, kann die Angst vor Bestrafung als ein hohes Maß an Schuldgefühlen verinnerlicht werden.

- Unrealistische Verhaltensnormen. Niemand ist fehlerfrei. Wenn du erwartest, nie wütend zu sein, immer die Wahrheit zu sagen und nie schlecht über jemanden zu denken, wirst du dich oft schuldig fühlen.

- Eine unrechtmäßige Handlung, die noch nicht eingestanden oder gesühnt wurde. Gelegentlich begehen wir Taten, für die wir uns hinterher schuldig fühlen. Wenn die Schuldgefühle schwerwiegend genug sind, trauen wir uns vielleicht nicht, es jemandem zu sagen oder es wiedergutzumachen. Dies kann zu einem verhängnisvollen Gefühl von Scham und Angst führen.

Welchen Schaden kann Schuld verursachen?

- Sie kann dazu führen, dass du übermäßig verantwortungsbewusst bist und ständig versuchst, das Leben „richtig" zu machen. Du arbeitest vielleicht übermäßig lange, gibst zu viel von dir selbst oder bist bereit, alles zu tun, um alle glücklich zu machen.

- Dein Gewissenhaftigkeitsgrad steigt. Möglicherweise quälst du dich bei jeder Entscheidung, die du triffst, mit Blick auf die möglichen negativen Folgen für andere. Ergo ignorierst du auch deine eigenen Bedürfnisse und Wünsche.

- Erhöhe deine Sensibilität. Du fängst vielleicht an, in jedem Teil deines Lebens moralische Dilemmas zu finden und entwickelst eine Besessenheit von der prekären Natur all deiner Handlungen, Aussagen und Entscheidungen.

- Versetzt dich in ein Koma. Die Angst davor, etwas zu tun, zu handeln, zu sagen oder „falsch" zu sein, kann dich so sehr überwältigen, dass du schließlich zusammenbrichst, nachgibst und dich für Untätigkeit, Schweigen und den Status quo entscheidest.

- Beeinträchtigung deiner Entscheidungsprozesse. Es kann so wichtig werden, ständig „richtig" zu liegen, dass du nicht mehr in der Lage bist, Entscheidungen zu treffen, aus Angst, falsch zu liegen.

- Verstecke dich unter der Maske der Selbstverleugnung. Möglicherweise verbirgst du dich hinter einer Fassade der Selbstverleugnung, weil es dich weniger schuldbewusst macht, anderen den Vorrang zu geben. Zum Beispiel hältst du es aufrichtig für besser, anderen zuerst zu dienen, ohne zu wissen, dass „Schuldgefühle" ein solches „großzügiges" Verhalten motivieren könnten.

- Du kannst nicht die ganze Bandbreite an Emotionen und Gefühlen erleben, die dir zur Verfügung stehen. Wenn du von Schuldgefühlen oder Angst überwältigt bist, kannst du emotional blockiert werden und die angenehmen Früchte des Lebens nicht mehr genießen.

- Du wirst ignoriert oder in die Irre geführt. Da Schuldgefühle auf zahlreichen falschen Annahmen beruhen, bist du möglicherweise nicht in der Lage, deine Gefühle zu sortieren. Wenn du unter Schuldgefühlen leidest, ist es wichtig, objektiv mit dir selbst zu bleiben, damit deine Entscheidungen auf einer soliden, rationalen Grundlage beruhen.

- Du handelst als Katalysator für Veränderungen. Schuldgefühle und die Qualen, die sie verursachen, können als Barometer für die Notwendigkeit von Veränderungen und als Katalysator für Lebensveränderungen genutzt werden.

Wie können wir anderen dabei helfen, ihre Schuldgefühle zu überwinden, sie zu akzeptieren, wenn sie notwendig sind, und sie leichter loszulassen, wenn sie nicht notwendig sind?

- **Erkenne die Art der Schuldgefühle, die du erlebst, und den Grund dafür.**
  Schuldgefühle sind am effektivsten, um zu reifen und zu wachsen, wenn unser Verhalten anderen oder uns selbst gegenüber respektlos oder verletzend war. Nehmen wir zum Beispiel an, wir fühlen uns schuldig, weil wir ein beleidigendes Wort zu einer anderen Person gesagt haben oder weil wir unsere Karriere über die Familie gestellt

haben, indem wir eine 60-Stunden-Woche gearbeitet haben. In diesem Fall ist das ein Warnzeichen, das einen Zweck hat: Ändere dein Verhalten oder riskiere, wichtige Beziehungen zu beschädigen oder zu verlieren. Wir können unsere Schuldgefühle weiterhin ignorieren, aber auf unsere Gefahr hin. Dies wird als „gute" oder „angemessene" Schuld bezeichnet, da sie uns helfen soll, unseren Verhaltenskompass neu auszurichten. Das Problem tritt auf, wenn unser Verhalten nicht überprüft oder geändert werden muss. Viele Mütter, die zum ersten Mal arbeiten, haben zum Beispiel ein schlechtes Gewissen, wenn sie in Teilzeit zurückkehren, weil sie befürchten, dass dies das normale Wachstum ihres Kindes beeinträchtigen könnte. Das ist in den meisten Fällen nicht der Fall, und die meisten Kinder entwickeln sich normal und gesund, auch wenn beide Elternteile arbeiten. Wir fühlen uns schuldig, auch wenn es keinen Grund dafür gibt. Dies wird als „irrationale» oder „ungesunde» Schuldgefühle bezeichnet, da sie keinem rationalen Zweck dienen.

- **Nimm so schnell wie möglich Korrekturen oder Änderungen vor.**

Wenn deine Schuldgefühle berechtigt und sinnvoll sind, ergreife Maßnahmen, um das problematische Verhalten zu korrigieren. Unabhängig davon, wie sehr viele von uns nach Selbstdisziplin süchtig sind, hält uns die Schwere unserer Schande davon ab, voranzukommen. Es ist einfach genug, sich bei jemandem zu entschuldigen, den wir mit einer unsensiblen Bemerkung beleidigt haben. Schwieriger ist es jedoch, zu erkennen, wie sich die 60-Stunden-Woche auf die Familie auswirkt, und den Arbeitsplan anzupassen (vorausgesetzt, es gab überhaupt legitime Gründe für die 60-Stunden-Woche). Gesunde Schuldgefühle signalisieren uns, dass wir unser Verhalten ändern müssen, um lebenswichtige Verbindungen (oder unser Selbstwertgefühl) wiederherzustellen. Ungesunde Schuldgefühle hingegen sind dazu da, dass wir uns ohne legitimen Grund schlecht fühlen.

- **Gestehe dir ein, dass du einen Fehler gemacht hast, aber mach weiter.**

   Wenn du etwas Falsches oder Schädliches getan hast, musst du erkennen, dass du die Vergangenheit zwar nicht ungeschehen machen kannst, aber du kannst dein Verhalten wiedergutmachen, wenn es angemessen ist. Entschuldige dich oder mache das falsche Verhalten umgehend wieder gut, aber dann lass es gut sein. Je mehr wir uns mit der Überzeugung beschäftigen, dass wir mehr tun müssen, desto mehr wird sie uns quälen und unsere Beziehungen stören. Schuldgefühle sind in der Regel sehr situationsabhängig. Das heißt, wir befinden uns in einer bestimmten Situation, begehen eine unangemessene oder schädliche Handlung und fühlen uns dann eine Zeit lang schrecklich. Entweder war das Verhalten nicht so schrecklich, wie wir es empfunden haben, oder die Zeit ist vergangen, und wir fühlen uns weniger schuldig. Wir werden uns besser fühlen (und auch die andere Person), wenn wir das Problem schnell erkennen und beheben. Wenn wir uns darüber den Kopf zerbrechen und keine kompensierenden Maßnahmen ergreifen (z. B. uns entschuldigen oder unser negatives Verhalten ändern), bleiben die unangenehmen Gefühle bestehen. Akzeptiere die Unangemessenheit deines Verhaltens, sühne es und gehe weiter.

- **Aus unseren Verhaltensweisen lernen.**

  Das Ziel von Schuldgefühlen ist nicht, dass wir uns schlecht fühlen, nur weil wir uns schlecht fühlen wollen. Stattdessen soll sie unsere Aufmerksamkeit auf die Erfahrung lenken, damit wir etwas daraus lernen. Wenn wir aus unseren Handlungen lernen, ist es weniger wahrscheinlich, dass wir sie in Zukunft wiederholen. Nehmen wir zum Beispiel an, ich sage fälschlicherweise etwas Respektloses zu einer anderen Person. In diesem Fall sagt mir mein Schamgefühl, dass ich mich (a) bei der anderen Person entschuldigen und (b) einen Moment innehalten sollte, bevor ich etwas sage. Wenn deine Schuldgefühle nicht durch den Versuch motiviert sind, einen echten Fehler in deinem Verhalten zu beheben (z. B. wenn es sich um ungesunde Schuldgefühle handelt), brauchst du nicht viel zu lernen. Anstatt sich darauf zu konzentrieren, das Verhalten abzustellen, kannst du dich stattdessen darauf konzentrieren, warum eine scheinbar harmlose Handlung, die den meisten Menschen nicht leid tun würde, Schuldgefühle in dir auslöst. Eine Person kann sich zum Beispiel schuldig fühlen, weil sie während der Arbeitszeit ein Spiel spielt. Wenn sie jedoch für sich selbst arbeitet und sich nicht an die „normalen Arbeitszeiten" hält, hat sie vielleicht eine Denkweise entwickelt, die nach Jahren der Arbeit für andere nicht mehr gilt.

- **Perfektion gibt es bei niemandem.**

  Niemand ist makellos. Das Streben nach Perfektion ist zum Scheitern verurteilt, da Perfektion nie erreicht werden kann. Im Laufe unseres Lebens begehen wir Fehler, und viele von uns entscheiden sich für einen Weg, den sie später bereuen werden, wenn sie ihre Fehler einsehen. Der Trick besteht darin, sich seine Fehler einzugestehen und zu erkennen, dass man nur ein Mensch ist. Vermeide Tage, Wochen oder Monate, in denen du dir selbst die Schuld gibst oder dein Selbstwertgefühl mit der Tatsache strapazierst, dass du es hättest wissen müssen, dich anders verhalten oder ein idealer Mensch sein müssen. Du und andere sind es nicht. So ist das Leben nun einmal.

Schuld kann als eine Anhänglichkeit an das Urteilsvermögen und das „richtige" Handeln gesehen werden. Anstatt unsere Verantwortung und Rechenschaftspflicht für unsere Ideen, Gefühle und Handlungen zu erhöhen, verringert diese Verbindung unsere Verantwortung und Rechenschaftspflicht, da sie die Authentizität behindert. Schuld- und Schamgefühle sind extrem schwer zu bewältigen, vor allem weil sie voraussetzen, dass man sich selbst vergibt, was auch immer geschehen ist.

Selbstvergebung setzt Offenheit und Akzeptanz der eigenen Person voraus. Wenn wir den Schleier der Schuldgefühle lüften, können wir uns besser mit dem verbinden, was wir erleben, mit unseren Gedanken und Verhaltensweisen als Reaktion auf diese Erfahrungen, und sind somit präsenter mit unseren Erfahrungen, Gefühlen und uns selbst.

Eine Psychotherapie kann dem Einzelnen einen sicheren und nicht wertenden Raum bieten, um seine Schuldgefühle zu erforschen und etwaige Ängste im Hinblick auf eine Verhaltensänderung anzusprechen.

WARUM HABEN WIR STÄNDIG EIN SCHLECHTES GEWISSEN?

Es gibt nichts, wofür wir uns nicht schuldig fühlen können: Essen, Sex, Geld, Arbeit, Familie, Freunde, Gesundheit oder Politik.

Bei allem fühle ich mich schuldig. Heute hatte ich schon ein schlechtes Gewissen, weil ich einem Freund etwas Falsches gesagt habe. Dann hatte ich ein schlechtes Gewissen, weil ich diesem Freund aus dem Weg gegangen bin. Außerdem habe ich meine Mutter heute noch nicht angerufen: schuldig. Und es tut mir so leid, dass ich nichts Besonderes für den Geburtstag meiner Frau organisiert habe. Ich habe meiner Schwester das falsche Essen gegeben: Ich bin schuldig. Ich habe mich schuldig gemacht, weil ich in letzter Zeit bei der Arbeit zu kurz gekommen bin. Ich war schuldig, das Frühstück ausfallen zu lassen. Stattdessen habe ich genascht: doppelte Schuld. Ich verschwende all diesen Platz in einer Welt, in der es ohnehin schon an Platz mangelt: schuldig, schuldig.

Ich fühle mich auch nicht gut mit meinen unangenehmen Gefühlen. Nicht mit klugen Freunden, die mich ständig daran erinnern, wie selbstverliebt, selbstherrlich, politisch konservativ und moralisch verkrüppelt die Schuldigen sind. Ich bin bedürftig. Schuldig, schuldig zu sein. Ich bin schuldig der kindlichen Schuld, der brüderlichen Schuld, der ehelichen Schuld, der väterlichen Schuld, der Schuld der Gleichaltrigen, der Arbeitsschuld, der Schuld der Mittelschicht, der weißen Schuld, der liberalen Schuld, der historischen Schuld und der jüdischen Schuld.

Glücklicherweise gibt es Menschen, die behaupten, uns von unserer Schuld freisprechen zu können. Laut Denise Duffield-Thomas, einer bekannten Motivationsrednerin und Autorin von Getting Rich, Lucky Bitch! ist Schuld jedoch „eines der häufigsten Gefühle, die Frauen erleben". Schuldbewusste Frauen, die durch Schuldgefühle dazu verleitet werden, sich den Weg zu mehr Reichtum, Macht, Status und Glück zu verbauen, scheinen ihre Vorteile einfach nicht ausnutzen zu können.

„Sie fühlen sich vielleicht schuldig, weil sie mehr wollen, weil sie Geld für sich selbst ausgeben oder weil sie sich von ihrem hektischen Familienleben Zeit nehmen, um an sich zu arbeiten", fügt Duffield-Thomas hinzu. „Vielleicht fühlst du dich schrecklich wegen der Armut anderer, wegen des Neids deiner Freunde oder wegen der Tatsache, dass es hungernde Menschen auf der Welt gibt". Ich habe mich in der Tat dieser Handlungen schuldig gemacht. Deshalb ist es beruhigend zu erfahren, dass mir geholfen werden kann - dass ich mir selbst helfen kann. Dazu muss ich jedoch zunächst erkennen, dass a) ich es wert bin und b) ich für keinen dieser globalen Ungleichheitsmechanismen, die auf historischen Ungerechtigkeiten beruhen, verantwortlich bin.

Mit anderen Worten: Meine Schuld ist nicht Ausdruck meiner Schuld, sondern meiner Unschuld - auch an meinem Leid. Nur durch Vergebung für Unrecht, für das ich keine direkte Verantwortung trage, kann ich lernen, meine „Geldhindernisse zu überwinden und ein erstklassiges Leben zu genießen", wie es Duffield-Thomas ausdrückt.

Bedenke dies: ein erstklassiger Lebensstil. Diese Art von Ratschlägen, die Schuld als unser grundlegendstes einschränkendes Gefühl darstellen, übersetzt psychoanalytische und feministische Konzepte in eine kommerzielle Motivationssprache. Das

Versprechen lautet, dass wir für unsere Sünden büßen können, indem wir Geld verdienen.

Dieses Konzept mag in der deutschen Sprache besonders gut ankommen, wo Schuld und Schulden gleichbedeutend mit Schuld sind. Denke an Max Webers Konzept, wie der „Geist des Kapitalismus" unseren materiellen und geistigen Reichtum miteinander verbindet, denn das, was du verdienst, dient auch als Barometer für deine geistige Tugend. Es hängt nämlich von deiner Fähigkeit zu harter Arbeit, Disziplin und Selbstverleugnung ab.

Das, was Weber als „Erlösungsangst" innerhalb der protestantischen Arbeitsethik bezeichnet, hat jedoch die gegenteilige Wirkung des Versprechens des Selbsthilfehandbuchs, die Unternehmer von Schuld zu befreien. Das kapitalistische Gewinnstreben, so Weber, spreche nicht von Schuld frei, sondern verschärfe sie aktiv - denn in einer Wirtschaft, die Stagnation predige, könne es keine Ruhe für die Bösen geben.

So motiviert uns die Scham, die uns hemmt und behindert, gleichzeitig zu arbeiten und zwanghaft produktiv zu werden, um uns durch unsere guten Taten von der Schuld freizusprechen. Ein Widerspruch, der vielleicht erklärt, warum manche bis zum Äußersten gehen, um Schuldgefühle zu vermeiden. Entweder geben sie anderen oder sich selbst die Schuld oder sie opfern ihr Wohlbefinden, um dieses schreckliche Gefühl zu vermeiden.

Wie stark ist das Schuldgefühl? Mit ihrer inflationären Logik scheinen sich Schuldgefühle im Laufe der Zeit eher noch verstärkt zu haben. Auch wenn wir die Religion meistens dafür tadeln, dass sie einen Menschen dazu verurteilt hat, als

Heide zu leben, scheint die Verantwortung, die mit expliziten Unanständigkeiten verbunden war - Unanständigkeiten, für die strenge Netzwerke eine angemessene Reue empfehlen konnten -, heute in Bezug auf so ziemlich alles aufzutauchen: Essen, Sex, Geld, Arbeit, Arbeitslosigkeit, Erholung, Wohlbefinden, Wellness, Gesetzgebung, Familie, Gefährten, Partner, Fremde, Ablenkung, Reisen und das Klima, um einige Beispiele zu nennen.

Auch wer glaubt, dass öffentliche Demütigungsriten ein grausames Relikt aus dem Mittelalter sind, hat unserem Online-Leben nicht viel Aufmerksamkeit geschenkt. Allerdings kann man nicht erwarten, dass man in den sozialen Medien lange anonym bleibt, bis jemand anfängt, mit dem Finger auf einen zu zeigen, weil man etwas getan hat. Dennoch ist es schwer zu glauben, dass der herrschende Geist unserer Zeit, der eifersüchtige und nachtragende Troll, eine so leichte Beute hätte, wenn er nicht bereits den Geruch von Schuldanfälligkeit an seiner Beute wahrnehmen würde.

Das war nicht beabsichtigt. Die großen Kreuzritter der Neuzeit sollten unsere Schuld beseitigen. Die Schuld war das Ziel zahlreicher hochgeistiger Kritiken, wobei moderne Intellektuelle ihr vorwarfen, sie sauge das Leben aus uns heraus und trage zu unserer psychologischen Degeneration bei. Es wurde behauptet, dass sie uns schwach (Nietzsche), neurotisch (Freud) und unauthentisch macht (Freud) (Sartre).

Im Laufe des zwanzigsten Jahrhunderts erlangten mehrere kritische Ansichten akademische Legitimität, vor allem in den Geisteswissenschaften. Es handelte sich um Theorien, die zu zeigen versuchten, dass wir alle - sei es aufgrund von Klassen-, Rassismus- oder Geschlechterverhältnissen

- Rädchen in einem größeren Machtsystem sind. Wir können zu unterdrückerischen Regimen beitragen, aber wir sind auch Kräften ausgeliefert, die größer sind als wir selbst.

Dies wirft jedoch Bedenken hinsichtlich der persönlichen Verantwortung auf: Da unsere einzigartige Situation durch ein komplexes Netz sozialer und wirtschaftlicher Interaktionen gestützt wird, wie kann da der Einzelne wirklich behaupten, die vollständige Kontrolle über sein eigenes Leben zu haben oder dafür verantwortlich zu sein? So gesehen kann Scham ein unproduktives Relikt aus einer weniger selbstbewussten Zeit sein.

Wenn sie unpräzise eingesetzt werden, können erklärende Theorien den Gläubigen ein ausfallsicheres System an die Hand geben. Damit können sie genau bestimmen, welchen Standpunkt sie ungestraft in Bezug auf fast alles einnehmen können - als ob man eine Versicherung abschließen könnte, die garantiert, dass man immer richtig liegt. Oftmals führt eine solche Kritik auch zu einem richtigen Denken, das sich nicht immer in richtiges Handeln umsetzen lässt.

Einem religiösen Menschen mag der Gedanke vertraut vorkommen, dass unser intellektueller Rahmen ebenso sehr eine Reaktion auf unsere Schuld ist wie eine Lösung. Schließlich „fällt „ Adam in der biblischen Geschichte, als er von der Frucht des Baumes der Erkenntnis verführt wird. Das „Wissen" führt ihn aus dem Garten Eden und in ein andauerndes Exil. Seine Schuldgefühle erinnern ihn immer wieder daran, dass er einen Fehler begangen hat.

Doch selbst in dieser Quelle sehen wir, wie die Schuld des Menschen trügerisch sein kann - so listig und verführerisch wie die Schlange, die ihn in die Irre führte. Denn wenn ein

Mensch gesündigt hat, indem er Wissen gekostet hat, dann wiederholt die Schuld, die ihn bestraft sein Vergehen: Mit all ihrem Fingerzeig und ihrem Tonfall des „Ich hab's dir ja gesagt" wirkt die Schuld erschreckend wissend. Sie hält uns gefangen, wie der Psychologe Adam Phillips (Adam Phillips schreibt häufig für die London Review of Books. Die Times nannte ihn den „Martin Amis der britischen Psychoanalyse", weil seine Arbeiten „brillant komisch und oft wirklich erschreckend" seien, und John Banville bezeichnete ihn als „einen der besten literarischen Stilisten der Sprache, einen modernen Emerson". Seine Herangehensweise an die neue Freud-Ausgabe deckt sich mit seinen eigenen Ansichten über die Psychoanalyse, die er als eine Art von überzeugender Rhetorik betrachtet. Sie ist für ihn eine Art überzeugender Rhetorik, die er als eine ermüdende und sich wiederholende Stimme in unserem Kopf bezeichnet, die uns ständig korrigiert, kritisiert, zensiert, beurteilt und bemängelt, uns aber „nie etwas Neues über uns selbst mitteilt". Dennoch scheinen wir in unseren Schuldgefühlen bereits ein Gefühl dafür zu haben, wer wir sind und wozu wir fähig sind.

Könnte dies vielleicht die Quelle unserer Schuld sein? Nicht unsere Unwissenheit - sondern vielmehr unsere Anmaßung von Unwissenheit? Unser verzweifeltes Bedürfnis, uns unserer selbst sicher zu sein, selbst wenn wir glauben, dass wir wertlos, nutzlos und der letzte Dreck sind? Wenn wir uns schuldig fühlen, haben wir den Trost der Gewissheit - endlich zu wissen, wie wir uns richtig fühlen, nämlich schrecklich.

Das mag erklären, warum wir uns zu Krimis hingezogen fühlen: Sie befriedigen unser Bedürfnis nach Gewissheit, ganz gleich, wie trostlos diese Gewissheit ist. Zu Beginn eines Krimis wissen wir, dass ein Verbrechen begangen wurde, aber wir haben keine Ahnung, wer es begangen hat. Der Fall ist abgeschlossen: Am Ende der Geschichte wissen wir, wer der Schuldige ist. Kurz gesagt: Scham verwandelt unser Nichtwissen in Wissen, wie es im Volksmund heißt.

Für einen Psychoanalytiker korrelieren Schuldgefühle jedoch nicht immer mit der Tatsache, dass wir in den Augen des Gesetzes schuldig sind. Unsere Schuldgefühle können zwar ein Geständnis sein, aber sie treten in der Regel vor der Anklage eines Verbrechens auf, dessen Einzelheiten selbst dem Schuldigen unbekannt sind.

Während die von uns favorisierten Geschichten also Schuld offenbaren können, ist es auch möglich, dass unsere Schuld als Deckmantel dient.

Obwohl „der Sündenfall" eine biblische Geschichte ist, solltest du deine religiösen Überzeugungen für eine Weile beiseite lassen. Man kann genauso gut eine zeitgenössische und säkulare Erzählung über den Sündenfall erzählen. Es ist eine „Erzählung" mit zahllosen Erzählern, vielleicht keinem besseren oder leidenschaftlicheren als Theodor Adorno, dem deutsch-jüdischen Nachkriegskritiker. Nach dem Holocaust behauptete Adorno bekanntermaßen, dass jeder, der in einer Welt überlebt, die Auschwitz hervorbringen kann, schuldig ist, zumindest in dem Maße, wie er Mitglied derselben Zivilisation bleibt.

Mit anderen Worten: Schuld ist eine unbestreitbare historische Tatsache. Sie ist der Pakt unseres modernen Volkes. Als solcher behauptet Adorno, dass wir alle eine gemeinsame Verantwortung haben, nach Auschwitz wachsam zu sein, damit wir nicht in die Denk-, Glaubens- und Verhaltensweisen zurückfallen, die dieses Schuldurteil hervorgerufen haben. Nach Auschwitz einen Sinn zu finden, bedeutet, die Verantwortung für die Grausamkeiten zu übernehmen.

Für Adorno hält uns das Wissen also eher gefangen, als dass es uns schützt. Dies mag für eine moderne Mentalität überraschend erscheinen. Der wohl unerwartete Aspekt von Adornos Darstellung der Schuld ist jedoch die Frage, „ob man nach Auschwitz weiterleben darf - vor allem, ob derjenige, der zufällig überlebt hat, der hätte getötet werden müssen, weiterleben darf". Sein schieres Überleben erfordert Kälte, die grundlegende Basis der bürgerlichen Subjektivität, ohne die es kein Auschwitz gegeben hätte; das ist die abscheuliche Sünde des Verschonten".

Adorno zufolge wird die Schuld an Auschwitz von der gesamten westlichen Zivilisation geteilt. Dennoch ist es die Schuld, von der er annahm, dass sie am stärksten von „einem, der zufällig entkommen ist, einem, der hätte getötet werden müssen", empfunden wird - dem jüdischen Überlebenden des Zweiten Weltkriegs.

Adorno, der Anfang 1938 aus Europa in New York eingetroffen war, bezeugte mit Sicherheit seine eigene Schuld. Doch seine Erkenntnis deckt sich mit der von Psychologen, die nach dem Krieg mit Überlebenden von Konzentrationslagern arbeiteten; sie entdeckten, dass „Schuldgefühle, die mit Scham, Selbstverurteilungstendenzen und Selbstanklagen einhergehen, von den Opfern der Verfolgung erlebt werden und offenbar viel weniger (wenn überhaupt) von den Tätern der Verfolgung erlebt werden."

Was bedeutet es, wenn sich die Opfer schrecklich fühlen, aber die Täter nicht zur Rechenschaft gezogen werden? Schließen sich objektive Schuld (ein Verbrechen begangen zu haben) und subjektive Schuld (sich schuldig fühlen) gegenseitig aus?

Nach dem Krieg wurde die „Überlebensschuld" häufig als Folge der Verbindung des Opfers mit dem Angreifer interpretiert. Der Überlebende kann später Schwierigkeiten haben, sich selbst zu vergeben, da andere an seiner Stelle gestorben sind - warum bin ich noch am Leben, wenn andere umgekommen sind? - Darüber hinaus kann sie sich für das schuldig fühlen, was sie gezwungen war, mitzumachen, um zu überleben. Dies muss nicht bedeuten, dass sie etwas falsch gemacht hat; ihre Scham kann einfach eine unbewusste Methode sein, um auszudrücken, dass sie es vorzieht, dass andere an ihrer Stelle leiden.

Nach dieser Logik könnte es vernünftig sein, die Schuld der Überlebenden als eine Untergruppe der Schuld zu betrachten, die wir alle bewusst oder unbewusst tragen. Wir freuen uns, wenn andere leiden und nicht wir selbst. Das ist kein angenehmes Gefühl, aber es ist auch nicht schwer zu verstehen. Dennoch hat es etwas zutiefst Beunruhigendes, zu akzeptieren, dass Überlebende der abscheulichsten Gräueltaten irgendeine Verantwortung für ihr Überleben haben sollten. Sollten wir nicht vielmehr versuchen, die Überlebenden von ihren (unserer Meinung nach) irrigen Schuldgefühlen zu befreien und ihre vollkommene Unschuld ohne jeden Makel oder Zweifel festzustellen?

Nach Ansicht der Historikerin Ruth Leys führte dieser natürliche Drang nach dem Zweiten Weltkrieg zur Entstehung des Konzepts des „Überlebenden" und zu einer Verlagerung des Schwerpunkts weg von den Schuldgefühlen des Opfers und hin zum Beharren auf dessen Unschuld. Leys vertritt die

Ansicht, dass dieser Übergang darauf zurückzuführen ist, dass das Konzept der Schuld durch seinen nahen Verwandten, die Scham, ersetzt wurde.

Die Unterscheidung ist von entscheidender Bedeutung. Das Opfer, das sich schuldig fühlt, hat eine innere Existenz mit Zielen und Wünschen, während das Opfer, das Scham empfindet, diese scheinbar von außen erhalten hat. Infolgedessen erscheinen Traumaopfer eher als Objekte denn als Subjekte der Geschichte.

Die Scham informiert uns also darüber, wer wir sind, und nicht darüber, was wir tun - oder gerne tun würden. Diese gut gemeinte Verlagerung des Schwerpunkts kann dazu führen, dass dem Überlebenden die Handlungsfähigkeit genommen wird.

Es ist verlockend zu glauben, dass Überlebensschuld ein Ausreißer ist, wenn man bedenkt, wie ohnmächtig die Opfer nach solchen Erfahrungen sind. Wie wir jedoch sehen werden, führt der Versuch der Leugnung der Realität der Schuld eines anderen häufig dazu, dass auch dessen Absichten geleugnet werden. Nehmen wir das Problem der „liberalen Schuld", die Art von Schuld, die wir alle verachten.

Liberale Schuld ist zu einem Sammelbegriff für diejenigen geworden, die sich eines Mangels an sozialer, politischer und wirtschaftlicher Fairness bewusst sind, die aber die Last nicht tragen. Laut der Kulturanalytikerin Julie Ellison gewann der Begriff in den 1990er Jahren in den Vereinigten Staaten an Bedeutung, als die Linke nach 1945 zersplitterte und den Glauben an die utopische Politik des kollektiven Handelns verlor, die eine frühere Generation von Radikalen geprägt hatte. Die schuldige Liberale hat das Kollektiv aufgegeben und erkennt, dass sie in ihrem eigenen Interesse handelt. Ihre Schuld spiegelt also die Kluft zwischen ihrem Mitgefühl für das Leiden der anderen und ihrer Bereitschaft wider, aktiv zu handeln, um es zu lindern - was, wie sich herausstellt, nicht viel ist.

Als solche ruft ihre Schuld bei anderen beträchtliche Feindseligkeit hervor, nicht zuletzt bei der Person, die sich als das Opfer des Liberalen sieht. Diese Person wird als „das Opfer „ bezeichnet. Sie ist sich darüber im Klaren, dass die Empathie, die sie bei dem schuldigen Liberalen weckt, nur selten zu sinnvollen strukturellen oder politischen Veränderungen für ihn führen wird.

Vielmehr ist die einzige „Macht", die in ihre Richtung kanalisiert werden kann, die moralische oder affektive Macht, Menschen, die wohlhabender sind als sie, dazu zu bringen, sich noch schrecklicher über die Privilegien zu fühlen, die sie nicht aufgeben wollen.

Doch wie gut beherrscht der schuldige Liberale seine Gefühle? Ellison glaubt, dass dies nicht der Fall ist. Aufgrund der Schwierigkeit, Gefühle zu verbergen, wird sie häufig unerwartet von Schuldgefühlen überfallen, die sie übermäßig theatralisch, exhibitionistisch und sogar hysterisch werden lassen. Sie spürt einen „Kontrollverlust" über ihre Schuldgefühle, obwohl sie sich immer eines Publikums bewusst ist, vor dem sie glaubt, ihre spektakuläre Reue demonstrieren zu müssen. Ihre Schuldgefühle sind also eine Form des „Schauspiels „ und signalisieren ein Unbehagen in der liberalen Person, die sich selbst nicht so gut kennt, wie ihre Schuldgefühle sie glauben lassen.

Das Konzept der Schuld als hemmende Emotion bestätigt eine häufig geäußerte Kritik an liberalen Schuldgefühlen: dass sie bei allem Elend, das sie verursachen, das schuldige Subjekt nicht dazu antreiben, echte politische Veränderungen zu bewirken.

Was aber, wenn die Schuldgefühle der Liberalen einem anderen Zweck dienen: Sie lindern etwas, das sie (unbewusst) noch schlimmer empfinden: das Fehlen einer soliden Identität, die definiert, wer sie ist, was ihre Verantwortung ist und wo sie endet?

Wenn es ein Merkmal gibt, das den notorisch unscharfen Liberalen charakterisieren kann, dann ist es wahrscheinlich Schuld. Liberale Schuldgefühle beziehen sich auf einen bestimmten sozioökonomischen (Mittelschicht), ethnischen (weiß) und geopolitischen (entwickelte Welt) Kontext. Deshalb kann es trotz der Qualen, die es den Betroffenen bereitet, lindernd für jemanden sein, dessen wahre Neurose das Gefühl ist, dass seine Identität so fließend und beweglich ist, dass er nie sicher sein kann, wo er steht.

Wenn dies ihre Hauptsorge ist, könnte man sich ihre Schuld als eine Emotion vorstellen. Sie teilt ihr mit, wer sie für andere ist, und sagt ihr, wer sie nicht ist. Wer oder was ist eine liberale Person? **Diejenige, die um derer willen leidet, die mehr leiden**. (Ich bin mir bewusst, wovon ich spreche.)

Dies mag helfen zu verstehen, warum liberale Werte in den letzten Jahren zunehmend unter Beschuss geraten sind. In den Augen ihrer Kritiker ist die Liberale wirklich schuldig. Sie ist schuldig an:

1. Insgeheim nimmt sie den Opfern die Art und Weise übel, in der deren Leiden sie betrifft.
2. Sie lenkt die Aufmerksamkeit von ihnen ab und auf sich selbst.
3. Sie besitzt die Arroganz, ihre Selbstverletzungen zur Schau zu stellen.
4. Sie tut praktisch nichts, um den Status quo zu verändern.

Mit anderen Worten: Schuldgefühle sind Teil des Problems, nicht der Lösung. Und doch ist diese Kritik auch ein Ziel desselben Vorwurfs. Da die Kritik an Schuldgefühlen nur dazu dient, die Schuldgefühle zu verstärken, hat sich das Schuldgefühl als schwieriger Gegner erwiesen - ein Gegner, den seine zahlreichen modernen Gegner noch nicht überwunden haben.

So treffen wir im Fall der liberalen Schuld wieder einmal auf ein Gefühl, das so teuflisch fließend ist, dass es das bekennende Problem wiederholt. Denn natürlich gibt es eine Art von Schuld, die uns nicht zum Handeln motiviert, sondern uns eher am Handeln hindert. Diese Art von Schuld verwandelt die Ambiguität unserer zwischenmenschlichen Beziehungen (und unserer Verantwortung für andere) in ein Objekt der Gewissheit und des Wissens.

Da das „Objekt" in diesem Fall jedoch unser eigenes Ich ist, können wir sehen, wie liberale Schuld, ebenso wie konservative Schuld, Schuld in eine Form der Scham verwandelt. In der Tat könnte Scham eine treffendere Beschreibung dessen sein, was die öffentliche und private Selbstverurteilung des schuldigen Liberalen motiviert.

Bevor wir die Liberalen jedoch als „schuldig im Sinne der Anklage" bezeichnen - d. h. als schuldig der falschen Art von Schuld - ist es wichtig, daran zu erinnern, dass viele die Überlebensschuld auf dieselbe Weise interpretiert haben. Denn wie wir in diesem Beispiel festgestellt haben, verliert das Opfer durch den Versuch, es von seiner Schuld zu „befreien", genau das, was es von der objektivierenden Aggression, die es angegriffen hat, unterscheiden kann: ein Gefühl für seine eigenen Ziele und Wünsche, wie aggressiv, pervers oder vereitelt sie auch sein mögen.

Daher ist es unerlässlich, das Konzept der Schuld des Überlebenden (und, trotz offensichtlicher Unterschiede, der liberalen Schuld) beizubehalten, um dem Überlebenden (oder dem Liberalen) die Handlungsfähigkeit zurückzugeben, die er braucht, um eine Zukunft zu haben, die nicht dazu verpflichtet ist, die Vergangenheit ad Infinitum zu wiederholen, indem er seine Schuld bereinigt oder auflöst.

Wenn der Religion häufig vorgeworfen wird, den Menschen als Sünder darzustellen, so sind die weltlichen Bemühungen, den Menschen von seiner Schuld freizusprechen, weitgehend gescheitert. Dem italienischen Philosophen Giorgio Agamben zufolge ist die subjektive Unschuld ein Relikt aus einer vergangenen Epoche, dem Zeitalter des tragischen Helden. Ödipus zum Beispiel ist jemand, dessen objektive subjektive Unschuld mit der Schuld (Mord, Inzest) übereinstimmt, ein Mann, der handelt, bevor er es besser weiß. Im Gegensatz zu Ödipus, der mit seinen eigenen Händen tötete, argumentiert Agamben, dass der heutige Mensch objektiv schuldlos, aber persönlich schuldig ist (er weiß, dass seine Annehmlichkeiten und Sicherheiten von irgendjemandem, irgendwo, bezahlt wurden, wahrscheinlich mit Blut).

Indem sie fälschlicherweise eine weiße Weste versprach, die von der historischen und intellektuellen Emanzipation des Menschen abhängt, hat die Moderne die subjektive Schuld des Menschen nicht nur nicht beseitigt, sondern vielleicht sogar verschlimmert. Für viele ist der moderne Mensch weniger durch seine Taten schuldig geworden als vielmehr durch seine Abhängigkeit von einer Version des Wissens, die seine Handlungsfähigkeit beeinträchtigt zu haben scheint. Die theologische Bezeichnung des Menschen als Sünder - ein gefallenes, elendes, ständig kompromittiertes, aber aktives, effektives und anpassungsfähiges Geschöpf - beginnt daher bequemer zu werden.

Diese Sichtweise hat auch viel mit einer bestimmten psychoanalytischen Interpretation von Schuld als einer unterdrückten Form von Aggressivität oder Wut gemein, die sich gegen diejenigen richtet, die wir brauchen und lieben (Gott, Eltern, Vormünder, wer auch immer für unser eigenes Überleben wichtig ist). Aber auch wenn Schuldgefühle oft alle anderen (verschütteten, verdrängten, unbewussten) Emotionen blockieren, ist das keine Rechtfertigung dafür, sie nicht zu fühlen. Denn Gefühle sind das, was man bereit sein muss zu fühlen, wenn sie einen bewegen oder eine andere Emotion auslösen sollen.

SCHULDGEFÜHLE: WAS IST EIN SCHULDKOMPLEX? UND FÜNF ANZEICHEN DAFÜR, DASS DU EINEN HAST

Zahlreiche unterschiedliche Faktoren können zu Schuldgefühlen beitragen. Jede Erfahrung von Schuld ist einzigartig. Es gibt zum Beispiel Zeiten, in denen man sich schuldig fühlt, weil man nicht die gleichen Ansichten wie ein Freund oder Kollege teilt. Schuldgefühle sind ein eher subjektives Gefühl. Daher spielt der eigene Moralkodex eine entscheidende Rolle bei der Entstehung eines Schuldgefühls.

Zwar spielt auch das Umfeld eine Rolle, aber die Art und Weise, wie eine Person erzogen wurde, und die Menschen, mit denen sie verkehrt, wirken sich auf das individuelle Schuldempfinden aus. All diese Faktoren tragen zur Entstehung eines Schuldkomplexes bei. Nach Ansicht von Psychologen führen fünf verschiedene Umstände zu Schuldgefühlen.

Lies weiter, um mehr über die fünf verschiedenen Arten von Schuldkomplexen zu erfahren. Außerdem erfährst du mehr über einige typische Anzeichen, die darauf hinweisen, dass du einen Schuldkomplex hast, was du dagegen tun kannst und über häufig gestellte Fragen zum Thema Schuld.

Wie wird ein Schuldkomplex definiert?
Laut dem Cambridge Englisch-Wörterbuch ist Schuld als „ein Gefühl der Angst oder Unzufriedenheit definiert, das man empfindet, weil man ein Unrecht begangen hat, z. B. einer anderen Person Schaden zugefügt hat". In diesem Szenario könnte das Unrecht echt oder eingebildet sein. Wenn man etwas falsch macht oder glaubt, etwas falsch gemacht zu haben, fühlt man sich schrecklich und versucht vielleicht, die Situation zu bereinigen. Das ist das Wesen von Schuldgefühlen.

Ein Schuldkomplex ist jedoch ein starkes Schuldgefühl, das häufig unabhängig davon auftritt, ob man für die Fehler oder Unzulänglichkeiten verantwortlich ist. Trotz aller Bemühungen des Betroffenen ist das Schuldgefühl für sein Routineverhalten sehr stark und schwer zu bewältigen. Sie verursachen oft

Elend für die Betroffenen und ihr Umfeld, da sie Selbstzweifel, Demütigungen und Sorgen hervorrufen und die Betroffenen sogar zum Drogenmissbrauch treiben können, um mit ihren Schuldgefühlen und ihrer Scham fertig zu werden. Außerdem können sie vergangene Fehler wieder aufleben lassen und sich als ungelöste Schuldgefühle manifestieren, was die Bewältigung des Alltags weiter erschwert.

Das Verständnis von Schuldgefühlen und Schuldkomplexen ist der erste Schritt zur Lösung des eigenen Problems oder des Problems eines geliebten Menschen mit Schuld- und Schamgefühlen. Es gibt fünf grundlegende Schuldkomplexe, die wir eingehend untersuchen werden, zusammen mit Ratschlägen, wie man sie überwinden kann: eine schlechte Tat, Schuldgedanken, falsche Schuld, Mitleidsschuld und Nachfolger/Schuld.

Was sind Schuldkomplextheorien?

Theorie 1

Einigen konventionellen Psychologen zufolge wird Schuld erworben und ist in unserem Verhalten in der Kindheit begründet. Sie ist mit Angst verbunden und entwickelt sich in den prägenden Jahren des Lebens. Einigen Psychologen zufolge erlernen Kinder Schuldgefühle bereits in jungen Jahren. Wenn sie eine falsche Einstellung zu Schuldgefühlen haben oder als Jugendliche übermäßige Schuldgefühle erleben, können sich Schuldgefühle zu einem ihrer stärksten Gefühle entwickeln.

Theorie 2

Zeitgenössische Psychologen hingegen glauben, dass Schuldkomplexe ihren Ursprung in kognitiven Aktivitäten haben. Schuld ist ein komplexes Gefühl, das auftritt, wenn jemand einen Fehler begeht oder glaubt, einen Fehler begangen zu haben.

Zu den zahlreichen Beispielen für komplexe Schuldgefühle gehören Personen, die unter Schuldgefühlen leiden, weil sie völlig irrtümlich glauben, etwas Falsches getan oder einen Schaden verursacht zu haben. Diese negativen Gefühle stehen häufig im Zusammenhang mit der falschen Wahrnehmung, dem übermäßigen Denken oder der übermäßigen Verallgemeinerung von Ergebnissen sowie dem Unvermögen der Person, ihre Ansichten kohärent zu begründen. Wenn sich jemand schuldig fühlt, treten häufig körperliche Symptome auf, wie z. B:

- Kopfschmerzen
- Besorgnis
- Muskelschmerzen
- Übelkeit
- Tränenreichtum
- Schlaflosigkeit
- Müdigkeit

Das Verständnis der Schuldgefühle beschränkt sich nicht nur auf ihre Theorien und Symptome. Wir untersuchen auch die fünf verschiedenen Situationen, die zu Schuldgefühlen führen, und geben Ratschläge für den Umgang mit einem Schuldkomplex sowie für die Bewältigung der einzelnen Situationen und die Inanspruchnahme externer Hilfe.

Anzeichen für Schuldgefühle: Fünf Situationen, die Schuldgefühle hervorrufen

1. Eine fehlerhafte Handlung

Eine Person fühlt sich eher schuldig, wenn sie etwas Falsches getan hat, z. B. die körperliche oder emotionale Gesundheit einer anderen Person verletzt hat. In diesem Fall fühlen sie sich schuldig, wenn die Auswirkungen ihres falschen Verhaltens offensichtlich werden oder wenn die Person ihre Grenzen überschreitet. Darüber hinaus können Schuldgefühle auftreten, wenn jemand gegen seine Moral verstößt, indem er lügt, betrügt oder stiehlt. Gelegentlich fühlt sich eine Person schuldig, weil sie ein Versprechen bricht, das sie sich selbst gegeben hat. So kann man sich zum Beispiel verpflichten, nicht zu trinken, keine Drogen zu nehmen, nicht zu rauchen oder nicht zu viel zu essen. Wenn wir unsere Verpflichtungen gegenüber uns selbst und anderen brechen, fühlen wir uns unweigerlich schuldig, da wir uns bewusst sind, dass wir etwas Falsches getan haben.

Überwindung von Schuldgefühlen für unrechtmäßige Handlungen Tipp Nr. 1.

Es ist vernünftig, sich in Situationen, in denen man sich selbst oder anderen Schaden zugefügt hat, schuldig zu fühlen. Wenn du dich in solchen Situationen nicht schämst, könnte das ein Hinweis auf eine ernstere und komplexere psychologische Störung wie eine narzisstische Persönlichkeitsstörung oder eine antisoziale Persönlichkeitsstörung sein. Entscheidend für die Überwindung deiner Schuldgefühle ist die Erkenntnis, dass das, was geschehen ist, geschehen ist und dass du keine Kontrolle darüber hast. Schuldgefühle zu akzeptieren, sich zu entschuldigen und dann zu versuchen, eine Wiederholung zu vermeiden, ist der beste Ansatz, um damit umzugehen. So kann verhindert werden, dass sie sich zu chronischen Schuldgefühlen entwickeln.

Wenn deine Schuldgefühle darauf zurückzuführen sind, dass du deine Grenzen, deine Moral oder deine Ethik verletzt hast - z. B. übermäßiger Alkohol- oder Drogenkonsum, Lügen oder Betrug -, ist die einfachste Methode, um zu verhindern, dass sich diese Probleme wiederholen, die Unterbrechung dieser Verhaltensweisen. Dies kann erreicht werden, indem man sich kompetente Hilfe bei einem Ausbilder oder einem Therapieprogramm sucht oder die Hilfe eines Partners oder Verwandten in Anspruch nimmt. Anstatt sich ständig schuldig zu fühlen, was nichts bewirkt, sondern dich nur traurig macht.

2. Schuldige Gedanken

Diese Art von Schuldgefühlen ist völlig normal, da viele von uns gelegentlich negative Gedanken haben. Diese können jedoch gelegentlich zu Schuldgefühlen führen. Der Einzelne fühlt sich häufig schrecklich, weil er diese negativen Gedanken hat, aber er handelt nicht danach. Selbst der Gedanke, etwas zu tun, das gegen den eigenen ethischen Kodex verstößt, wie z. B. unehrlich, untreu oder kriminell zu sein, kann Schuld- und Schamgefühle in der Person auslösen. Wenn du zum Beispiel jemand anderem als deinem Partner, deiner Partnerin, deinem Ehepartner oder einem geliebten Menschen nachstellst oder in Erwägung ziehst, eine andere Person körperlich zu verletzen, werden diese Gedanken mit Sicherheit Schuldgefühle auslösen. Nach Ansicht vieler Psychologen handelt es sich dabei um einen schwerwiegenden Schuldkomplex, da du deinen Gedanken nicht nachgegangen bist; es gab keine tatsächliche Handlung.

Schuldgefühle überwinden Tipp 2.
Wenn du dich schuldig fühlst, weil du unmoralische oder unangemessene Gedanken hast, ist es besser, diese Gedanken und deine Gefühle dazu anzusprechen. Wenn du deine Gedanken nicht kontrollieren kannst, kannst du einen Plan entwerfen, um sie zu ändern, damit du dich ihnen nicht unterwirfst und die Taten ausführst.

Die meisten Menschen werden versuchen, diese Gedanken zu verdrängen, zu unterdrücken oder „unter den Teppich zu kehren". Das ist aber nicht möglich. Es ist jedoch der beste Ansatz, um mit ihnen fertig zu werden. Diese Gedanken können dich schließlich dazu bringen, etwas zu unternehmen. Akzeptiere, dass du diese Gedanken gedacht hast, und bemühe dich bewusst darum, ihre Stärke und ihren Einfluss auf dich zu verringern. Beginne damit, ein optimistischeres Konzept zu wählen, um das negative zu ersetzen. Außerdem kannst du andere Hobbys wie Tanzen, Joggen oder Yoga ausprobieren, um deine Gedanken zu klären.

3. „Falsche" Schuldgefühle
Emotionale Komplexitäten können äußerst verworren sein. Die meisten Menschen sind unglücklich, weil sie unvernünftige und falsche Vorstellungen von sich selbst, anderen und sogar der Welt haben. Gelegentlich empfinden wir Schuldgefühle, auch wenn wir glauben, dass wir nichts falsch gemacht haben. In diesen Fällen können wir uns genauso schlecht fühlen, wie wenn wir einen Fehler begehen. So können wir zum Beispiel wie bei einem schuldigen Vergnügen darüber fantasieren, dass ein konkurrierender Kollege seinen Job verliert, oder wir wünschen uns insgeheim das Ende der Beziehung eines Freundes oder Ex-Freundes. Diese Gedanken sind häufig das

Ergebnis unserer boshaften Impulse, aber wir wissen tief im Inneren, dass sie irgendwie unvernünftig sind. Es ist jedoch schwierig, diese Überzeugungen und Gedanken zu widerlegen.

In extremen Fällen haben Menschen kein Unrecht begangen, sind aber davon überzeugt, dass sie es getan haben. Es mag erstaunen, dass dies nicht nur ein Problem für Einzelpersonen ist. Die Folge ist, dass der Betroffene eigennützige Aktivitäten lieber meidet, weil er glaubt, sie nicht zu verdienen. Daraus entwickeln sich häufig hartnäckige Schuldgefühle, die die Chancen des Einzelnen auf Erfolg beeinträchtigen.

Wie man sich von „falschen" Schuldgefühlen befreit Tipp 3. Schuldgefühle können überwältigend sein. Bevor du dich selbst dafür verurteilst, dass du etwas falsch gemacht hast, solltest du dich fragen, ob du tatsächlich etwas falsch gemacht hast. Vielleicht bildest du dir das auch nur ein. Wenn du deine Erinnerung an Ereignisse verzerrst, verstärkt das nur den Eindruck, dass du schuld bist. Wenn du über das Ereignis nachdenkst und dir selbst Fragen stellst, kannst du analysieren und beurteilen, welche Schuldgefühle es wirklich gibt. Wenn die Bewältigung immer schwieriger wird, kannst du professionelle Hilfe in Anspruch nehmen.

4. Mitleidige Schuldgefühle

Es gibt Zeiten, in denen man das Gefühl hat, dass man einem anderen nicht angemessen helfen kann. Denke an einen Freund oder Verwandten, der kürzlich eine Scheidung durchgemacht hat oder verstorben ist. Nachdem du so viel Zeit mit deinem Freund oder deiner Familie verbracht hast, ist es an der Zeit, dich wieder deinen anderen Pflichten zu widmen, z. B. deiner Arbeit oder sogar der Betreuung deiner eigenen

Familie. Infolgedessen plagt dich ein schlechtes Gewissen, weil du die von dir selbst gesetzten Standards nicht erfüllen kannst, um sie zu unterstützen. Mitleidsmüdigkeit ist der Begriff, mit dem Psychologen diese Ereignisse beschreiben, die zu Schuldgefühlen führen. Diese Umstände können aus zwei Gründen zu einem Burnout führen:

1) Du versuchst, dich um eine andere Person zu kümmern, während du dich gleichzeitig um deine eigenen Bedürfnisse und Aufgaben kümmerst.
2) Das übermächtige Schuldgefühl in Verbindung mit der Erschöpfung, die mit der Betreuung anderer Menschen einhergeht, kann dich auslaugen.

Überwindung der Mitleidsschuld Tipp 3.
Denk daran, dass du dich dafür entscheiden kannst, jemandem zu helfen und Opfer zu bringen, um deinen Freund oder dein Familienmitglied zu unterstützen. Du musst jedoch erkennen, dass du auch auf dich selbst aufpassen musst. Wenn du unter Schuldgefühlen leidest, wird sich dein emotionaler Zustand nur noch verschlimmern. Dadurch wirst du daran gehindert, effektiv zu helfen, und das führt letztendlich zum Burnout. Um für andere da zu sein, musst du zuerst für dich selbst da sein. Denk' dran, wann immer du dir deiner Mitleidsschuld bewusst wirst.

5. Schuldgefühle des Nachfolgers/Überlebenden

Hast du dich jemals schlecht gefühlt, weil du gute Leistungen erbracht hast, während eine andere Person Schwierigkeiten hatte? Dieser Umstand kann Schuldgefühle auslösen. Psychologen bezeichnen diese Szenarien als Überlebensschuld.

Ein klassisches Beispiel ist, wenn ein Freund oder ein Familienmitglied einen geliebten Menschen verloren hat oder von einem Unglück betroffen war; gelegentlich fühlen sich Menschen schuldig, weil sie sich besser fühlen als die trauernde Person.

Die Schuldgefühle der Überlebenden können auch diejenigen betreffen, die mehr Erfolg haben als ihre Familie oder Freunde. So fühlen sich beispielsweise Studenten, die einen höheren Abschluss machen, häufig schuldig, weil sie mehr erreicht haben als ihre Familienmitglieder, die nicht studiert haben. Sie streben nach Höchstleistungen, fühlen sich aber häufig schuldig, weil sie mehr Möglichkeiten haben als ihre Familien oder Freunde.

Überwinde die Schuldgefühle des Nachfolgers/Überlebenden Tipp 5.
Die Menschen, die dich lieben, werden sich für dich freuen, also sei dir dessen bewusst. Vergiss nicht, dass absichtliches Scheitern niemanden von seiner Krankheit heilt oder ihn zurückbringt, und dass es auch nichts daran ändert, wie die Menschen über dich denken. Betrachte das Wissen und die Errungenschaften, die du erreicht hast, als eine Hommage an deine Familie und deine Wurzeln. Wenn du etwas Bedeutendes erreicht hast, sei stolz auf deine Errungenschaften. Du hast hart für sie gearbeitet. Erlaube niemandem, dir ein schlechtes Gewissen einzureden, weil du dein bestes Selbst bist.

Was ist eine Schuldkomplex-Therapie, und gibt es alternative Behandlungsmöglichkeiten?
Neben den oben beschriebenen Strategien zur Überwindung von Schuldgefühlen können auch kognitive Therapie und

Psychotherapie hilfreich sein. Bei dieser Behandlung lernen die Betroffenen, sich von den Denkprozessen zu befreien, die Schuldgefühle auslösen - unabhängig davon, ob eine Tat begangen wurde. Darüber hinaus lernen Menschen, die ständig von Schuldgefühlen geplagt werden, ein besseres Bewusstsein für ihre Einstellungen und Gefühle zu entwickeln. Dazu gehört auch, zu erkennen, wann sie etwas falsch gemacht haben, und zu vermeiden, dass sie zu viel nachdenken, zu sehr verallgemeinern oder Situationen zu sehr verkomplizieren.

Denk' daran: Wenn du deine Gedanken ändern kannst, kannst du auch deine Gefühle ändern. Wenn du zum Beispiel erkennst, dass du dich fälschlicherweise als Ursache für das Leiden anderer Menschen ansiehst, kannst du deine Einstellungen und Vorstellungen ändern, um Schuldgefühle zu vermeiden.

WARUM FÜHLE ICH MICH SCHULDIG, WENN ES DAFÜR KEINEN GRUND GIBT?

Niemand wird mit Schuldgefühlen geboren.

Hast du das Gefühl, dass du schon immer etwas falsch gemacht hast, kannst aber nicht genau sagen, was es ist? Oder bist du vielleicht der Erste, der die Schuld auf sich nimmt, wenn etwas schief läuft...

Egal, was du erreichst oder wie hart du arbeitest, um anderen zu helfen, du wirst das Gefühl nicht los, dass du nie wirklich „genug" bist. Du fühlst dich minderwertig, in gewisser Weise unzureichend - aber du weißt nicht, warum.

Wenn du dich häufig schuldig fühlst, kannst du dich vielleicht mit einigen der folgenden Gedanken identifizieren:

- „Ich bin ein Egoist, wenn ich andere nicht an die erste Stelle setze."
- Es ist meine Pflicht, dafür zu sorgen, dass alle glücklich sind.
- „Ich bin nicht so „hervorragend" wie andere".
- „Ich stelle die Bedürfnisse der anderen immer über meine eigenen."

Warum bin ich ohne ersichtlichen Grund so schuldig?

Zunächst einmal müssen wir unmissverständlich feststellen, dass niemand mit diesem Gefühl geboren wird. Wenn du dich ohne ersichtlichen Grund schlecht fühlst, ist die Ursache für deine Schuldgefühle fast immer in deiner Vergangenheit zu suchen.

Jeder hat einen „inneren Kritiker", aber manche sind wesentlich lauter. Dein innerer Kritiker (und die Dinge, die er erzählt) wird stark von den Botschaften beeinflusst, die du als Kind erhalten hast.

Betrachte einige Szenarien, in denen dies der Fall sein könnte.

Jemand, der in einem erfolgsorientierten Umfeld aufgewachsen ist, hat wahrscheinlich einen inneren Kritiker, der ihn stark unter Druck setzt und ihm sagt, er solle sich mehr anstrengen, „sonst".

Jemand, der in einem hartherzigen oder vernachlässigenden Haushalt aufgewachsen ist, wird wahrscheinlich einen strengeren inneren Kritiker haben, der ihm sagt, dass er „wertlos" ist oder „es nie schaffen wird".

Zunächst tritt der innere Kritiker als Schutzmechanismus auf. Als Kinder sind wir wehrlos - wir sind auf den Schutz und die Fürsorge von Erwachsenen angewiesen, um zu existieren. Unser innerer Kritiker erfüllt eine wichtige Funktion. Er wird gebildet, um uns dabei zu helfen, „im Zaum" zu bleiben, uns so zu verhalten, dass wir uns anpassen, und weitere Verachtung oder Schande zu vermeiden. Als solcher hilft er uns zu überleben, indem er sicherstellt, dass wir die Verbindung aufrechterhalten, die wir so dringend brauchen.

Das Problem ist, dass sich diese „Stimmen" mit der Zeit in unsere Persönlichkeit eingraben. Sie verwandeln sich in uns. Und während sie uns in unserer Jugend vielleicht geholfen haben, hindern sie uns als Erwachsene daran, unser volles Potenzial zu entfalten.

Wenn du dich häufig schuldig fühlst, wurden dir diese Überzeugungen über dich selbst und darüber, was du tun solltest, mit ziemlicher Sicherheit weitergegeben. Dies kann direkt (in klaren, unmissverständlichen Worten) oder indirekt (durch Handlungen) geschehen sein.

Häufig entwickeln diejenigen, die übermäßig von Kindern abhängig waren - entweder körperlich oder emotional - eine schuldbeladene innere Unterhaltung. Denke an die Verantwortung für die Pflege eines chronisch kranken oder depressiven Elternteils. Hier fühlte sich das Kind verpflichtet, seinen Elternteil zu schützen und zu pflegen.

Vielleicht hatte es das Gefühl, dass, egal was man tat, es nie genug war. Oder die Schuldgefühle wurden durch unterschwellige Botschaften ausgelöst („Ich weiß nicht, was ich ohne dich tun würde", „Mach dir keine Sorgen um mich, ich komme schon zurecht").

Auf jeden Fall wurde dir beigebracht, dass es deine Pflicht ist, dich um andere zu kümmern. Infolgedessen entdeckst du deinen Wert, indem du anderen gefällst und ihnen dienst.

Das Problem ist, dass man es nicht allen recht machen kann. Bei dem Versuch, dies zu tun, besteht die Gefahr, dass man seine eigenen Bedürfnisse aus den Augen verliert. Es kann sogar sein, dass du zögerst zuzugeben, was du dir gewünscht hast.

Infolgedessen schämst du dich vielleicht, wenn du dich ausdrücken oder Grenzen wahren musst. Tief in deinem Innern glaubst du, dass du die Ablehnung, die du als Kind befürchtet hast, erleiden wirst, wenn du deine Aufmerksamkeit auf deine eigenen Bedürfnisse richtest.

Hinweise, nach denen du Ausschau halten solltest

- Du bist ein Menschenfreund
- Du fühlst dich schlecht, wenn du mit anderen nicht übereinstimmst
- Du hast Schwierigkeiten zu erkennen, was du im Leben willst (sowohl bei großen als auch bei kleinen Entscheidungen)
- Du neigst dazu, die Bedürfnisse anderer Menschen über deine eigenen zu stellen
- Du kannst die Emotionen anderer Menschen „fühlen“.
- Du kannst es nicht ertragen, die Gefühle anderer Menschen zu verletzen
- Du fühlst dich schuldig, wenn du um etwas bittest, was du dir wünschst.
- Du hast Probleme damit, dich selbst zu verteidigen.
- Du übernimmst häufig die Rolle des „Kümmerers“, sei es bei Freunden oder in Beziehungen.

- Du hast Schwierigkeiten beim Verhandeln und findest es schwierig, bei der Arbeit eine Gehaltserhöhung zu fordern.
- Du hast Schwierigkeiten zu delegieren, weil es dir unangenehm ist, um Hilfe zu bitten.

Wie man aufhört, sich ständig schuldig zu fühlen

Schuldgefühle erfüllen einen Zweck - sie machen uns auf unsere Fehler aufmerksam. Sie verlieren jedoch ihren Sinn, wenn sie uns ohne ersichtlichen Grund ständig begleiten.

Mit dem ständigen Gefühl zu leben, dass wir etwas falsch gemacht haben, ist nicht nur anstrengend, sondern kann auch zu erheblichen Ängsten und langfristigen Schäden führen.

Anstatt deine Energie darauf zu verwenden, den Ansprüchen anderer gerecht zu werden, musst du lernen, deine eigenen Prioritäten zu setzen.

Die Stimme der Selbstbeschuldigung kann durch eine Therapie erkannt und beseitigt werden. Um sie zu destabilisieren und zu untergraben, können verschiedene Methoden eingesetzt werden, darunter Sabotage und Verleugnung.

Der erste Schritt zur Überwindung von Schuldgefühlen besteht darin, zu erkennen, dass es nicht in deiner Verantwortung liegt, sie zu ertragen. Erkenne, warum sie existiert, und übe Selbstmitgefühl. Du kannst sogar Dankbarkeit für die Lektionen ausdrücken, die du auf deinem Weg gelernt hast. Wahrscheinlich gehörst du zu den Menschen, die von Natur aus einfühlsam sind, was eine bewundernswerte Eigenschaft ist. Diese Empathie muss nur in die richtige Richtung gelenkt werden - und, was ganz wichtig ist, niemals auf Kosten des eigenen Wohlbefindens.

SCHULDGEFÜHLE UND BLUTHOCHDRUCK

Du hast deine Laborergebnisse von deiner Klinik erhalten und festgestellt, dass du nicht so gesund bist, wie du glaubst. Dein Blutdruck ist nicht gesunken, und dein Cholesterinspiegel ist weiterhin erhöht. Vielleicht hast du schon einige der üblichen Tipps ausprobiert - weniger Salz, 10.000 Schritte pro Tag gehen, mit dem Rauchen aufhören - aber nichts hält lange an. Vielleicht hängt dein Ehepartner die Kühlschranktür mit „gesunden Ermahnungen" auf - immer noch ohne Wirkung. Also fragst du dich, was du falsch machst. Was hättest du in der Vergangenheit effektiver machen können? Solltest du zweimal pro Woche Lachs und Quinoa essen, wie es die Gesundheitsmagazine empfehlen? Solltest du die Spielkonsole aufgeben, die deinen Hintern an die Couch gefesselt hat? Du fragst dich all diese Dinge, aber sie dienen nur dazu, deine Schuldgefühle über deinen derzeitigen Gesundheitszustand zu vergrößern. Und die Schuldgefühle sind eine Belastung.

Ist es deine Schuld, dass du das Risiko einer Herzerkrankung trägst?

Wie viele andere unangenehme Gefühle können auch Schuldgefühle unserem Wohlbefinden zuträglich sein. Es ist eine Methode, um zuzugeben, dass wir versagt haben. Als kurzes Gefühl kann es adaptiv sein und positive Veränderungen bewirken. Ständige Schuldgefühle - chronische Schuldgefühle - sind jedoch kontraproduktiv und können zu chronischem Stress führen. Alles, was den Körper unter anhaltenden Stress setzt, erhöht den Blutdruck. Mit anderen Worten: Wenn du Probleme mit deiner Herzgesundheit hast - Bluthochdruck, hoher Cholesterinspiegel oder Diabetes -, werden diese Probleme noch verschlimmert, wenn du dich ständig deswegen schuldig fühlst.

Anhaltende Schuldgefühle können zu chronischem Stress führen, der wiederum zu Bluthochdruck führen kann.

Angesichts des Stresses der heutigen Gesellschaft, der modernen Werbung und der familiären Vererbung würde ich behaupten, dass es wirklich nicht deine Schuld ist, wenn du ein Risiko für eine Herzerkrankung hast. Externe Variablen lassen sich häufig nicht kontrollieren. Der einzige Fehler besteht darin, dass du zulässt, dass deine Schuldgefühle außer Kontrolle geraten. Du nutzt keine Hilfsmittel, die es dir leicht machen, die Kontrolle über deine Gesundheit wiederzuerlangen. Wie kann man also Schuldgefühle abbauen? Wir geben dir einige Gedanken und Vorschläge an die Hand, die dir helfen sollen, dir selbst zu helfen.

Schuldgefühle haben eine psychologische und körperliche Wirkung auf uns.

Erkenne zunächst, dass Schuldgefühle unseren mentalen Raum durchdringen. Schuldgefühle untergraben unser Selbstwertgefühl und hindern uns daran, unsere Ziele zu verfolgen. Chronische Schuldgefühle können zu Ängsten führen, und Ängste können im Laufe der Zeit zu verschiedenen stressbedingten Gesundheitsproblemen führen. Darüber hinaus durchdringen deine schlechten Gefühle die physiologischen Funktionen des menschlichen Körpers, und manchmal entstehen als Reaktion auf diese negativen Gefühle körperliche Beschwerden. Dazu können Geschwüre, Kopfschmerzen und eine Vielzahl anderer körperlicher Symptome gehören, die scheinbar nichts miteinander zu tun haben.

Insbesondere ist nachgewiesen worden, dass Schuldgefühle den Cortisolspiegel erhöhen. Cortisol ist ein Stresshormon, das im Körper die „Kampf- oder Flucht"-Reaktion auslöst. Cortisol ist zwar nützlich, um sich gegen eine potenzielle Bedrohung zu wehren, aber eine chronische Belastung kann den Blutdruck erhöhen und das Risiko für Herzkrankheiten, Diabetes, verminderte Immunität und andere langfristige Krankheiten steigern. Unabhängig davon, wie sich Schuldgefühle auf deine körperliche Gesundheit auswirken, können chronische Symptome, die mit unangenehmen Emotionen verbunden sind, die langfristige Entwicklung deiner Gesundheit negativ beeinflussen.

Der Blutdruck ist ein hervorragender Prädiktor für den Grad des Stresses.

Wenn wir gestresst sind, verändert sich unser Blutdruck. Wie bereits erwähnt, können zahlreiche Stresshormone, wie z. B. Cortisol, einen Anstieg des Blutdrucks verursachen. Dies geschieht fast unmittelbar nach dem Auftreten von Stress. Stresshormone lassen den Blutdruck über das normale Maß hinaus ansteigen, was sowohl für den Geist als auch für den Körper schlecht ist, wenn sie regelmäßig ausgeschüttet werden. Ein bereits bestehender Bluthochdruck wird dadurch noch verschlimmert. Das ist ein ewiger Kreislauf, aus dem du dich befreien musst!

Der erste Schritt auf dem Weg zum Wohlbefinden ist die Beendigung dieses inneren Schuldgefühls.

Auch wenn du schon seit einiger Zeit Selbstfürsorge betreibst oder gerade zum ersten Mal davon erfährst, denke daran, dich um dich selbst zu kümmern.

Das ist bei jedem Menschen anders. Manche Menschen profitieren von Yoga oder Sport, während andere sich lieber massieren lassen oder an einen malerischen Ort fahren, um den Sonnenuntergang zu beobachten. Tu das, was dich glücklicher und positiver macht. Achte darauf, dass du dein Selbstvertrauen und deinen Elan bewahrst, um die Zügel der Macht wieder in die Hand zu nehmen.

Die Beseitigung von Schuldgefühlen baut Spannungen ab, stärkt das Selbstvertrauen und senkt den Blutdruck.

Mache dir klar, dass du auf diesem Weg nicht allein bist. Deine Gesundheits-App ist sogar direkt auf deinem Handy (oder deiner Apple Watch) verfügbar. Da die Überwachung deines Blutdrucks eine der einfachsten Möglichkeiten ist, deine Gesundheit zu überwachen, hat das Hello Heart-Team eine multifunktionale und einfach zu bedienende App zur Überwachung deines Blutdrucks entwickelt (iOS, Android). Wir möchten dir dabei helfen, den Heilungsprozess einzuleiten und hoffen, dass du unsere Hilfe in Anspruch nimmst. Hello, Heart ist eine kostenlose Anwendung zur persönlichen Gesundheitsfürsorge. Sie hilft dir, dein Gleichgewicht in deinem Tempo wiederzuerlangen. Gehe jeden Schritt behutsam an. Lade dir noch heute die App Hello Heart (iOS, Android) herunter und entdecke dein wahres Potenzial wieder! Nur eine mangelnde Nutzung der verfügbaren Ressourcen wird als Fehler deinerseits betrachtet, nicht deine aktuelle Situation.

DIE WISSENSCHAFT DER SCHAM

Scham ist ein starkes Gefühl, dass unser Leben erheblich beeinträchtigen kann.

Der systemische Rassismus ist zwar nicht neu, aber viele weiße Menschen setzen sich erst jetzt mit ihrer Rolle in der weißen Vorherrschaft auseinander, was zu komplexen

Gefühlen führt. Während eine gesunde Dosis Reue über unsere kollektive Beteiligung am antischwarzen Rassismus den Einzelnen ermutigen kann, zuzuhören, zu lernen und sich zu bessern, warnen Experten davor, sich in Scham zu suhlen. Dies kann den entgegengesetzten Effekt haben.

Schuld und Scham entstehen zwar beide aus dem Gefühl heraus, etwas falsch gemacht zu haben, aber den Unterschied zu verstehen, kann sich auf die Fähigkeit auswirken, schädliche Gewohnheiten abzulegen. Laut Jena Field, einer Psychologin aus London, konzentriert sich Schuld auf ein bestimmtes Verhalten - weshalb Psychologen Schuld als „moralische und adaptive Emotion" bezeichnen -. Im Gegensatz dazu konzentriert sich die Scham auf die Identität des Schuldigen.

Als Folge dieser Angstreaktion neigen wir dazu, uns zu verteidigen oder zu verstecken. Das macht es schwierig, einen Schritt zurückzutreten und zu überlegen, was wir anders hätten machen können.

Laut Lea Flego, einer Ehe- und Familientherapeutin in Oregon, kann Scham den Einzelnen davon abhalten, sein Verhalten zu ändern, was sich im Kampf gegen systematischen Rassismus als nachteilig erweisen kann. „Wenn wir als Verbündete Scham empfinden, sind wir nicht in der Lage, die Zeiten zu akzeptieren, in denen wir von einer rassistischen Kultur profitiert haben", erklärt sie. „Kritik tut so weh, und als Menschen versuchen wir natürlich, diese Art von Schmerz zu vermeiden.

Während Schuldgefühle nützlich sein können, ist Scham schädlich.
Die Gefahrenreaktion, die viele Menschen bei Scham empfinden, ist bezeichnend für ihre Ineffektivität. Laut Gerald

Fishkin, einem Psychologen aus Kalifornien und Autor von Die Wissenschaft der Scham, ist Scham mit dem limbischen System verbunden. Das ist die Gehirnregion, die das autonome Nervensystem beeinflusst, das für die Kampf-oder-Flucht-Reaktion verantwortlich ist.

Fishkin zufolge stehen Schuldgefühle in Zusammenhang mit der Aktivität des präfrontalen Kortex, dem Bereich des logischen Denkens im Gehirn. Daher können Schuldgefühle auch die Aktivität des limbischen Systems stimulieren. (Da die Stressreaktion jedoch mit der präfrontalen Funktion zusammenhängt, hilft der Adrenalinstoß bei der Wiedergutmachung dessen, was falsch gelaufen ist.

„Schuldgefühle sind eine kognitive Reaktion auf die Verletzung eines erlernten Wertes und erfordern Denken und Handeln", erklärt Fishkin.

„Akute Schamerfahrungen, die von einigen Therapeuten als „Schamattacken" bezeichnet werden, können zu abrupten körperlichen Veränderungen führen, die mit einer Panikreaktion einhergehen.

Andererseits ist Scham ursprünglicher und erfordert oft keine kognitiven Prozesse wie Logik oder Argumentation. Stattdessen handelt es sich um eine natürliche Stressreaktion, die das Gehirn „übernimmt". Forschungsergebnissen zufolge funktioniert der präfrontale Kortex, der das rationale Denken steuert, weniger gut, wenn die limbische Stressreaktion im Gehirn aktiviert ist.

Darüber hinaus haben wissenschaftliche Studien eine Beziehung zwischen Schuldgefühlen und dem physiologischen Wunsch nach Selbsterhaltung hergestellt: Scham aktiviert dieselben Gehirnschaltungen, die Menschen dazu veranlassen, vor körperlicher Gefahr zu fliehen. „Scham hat überhaupt keinen Bezug zur Kognition. Wenn Scham aktiviert ist, werden wir emotional gekapert, ohne präfrontale Aktivität", erklärt Fishkin. „Wir sind so verdrahtet, dass wir uns Anonymität und Unsichtbarkeit wünschen."

Diese Form von Stress, der natürliche Impuls, sich zu verbergen, kann sowohl unmittelbare als auch langfristige körperliche Veränderungen hervorrufen. Beispielsweise können akute Schamerfahrungen, die von einigen Therapeuten als „Schamattacken" bezeichnet werden, zu unmittelbaren körperlichen Veränderungen führen, die mit der Terrorreaktion zusammenhängen. Field merkt an, dass sich Scham häufig in einer „gesenkten" Körperhaltung manifestiert, eine körperliche Manifestation des Wunsches zu verschwinden. Da es sich um eine Stressreaktion handelt, kann sie außerdem klassische Sympathikus-Aktivierungszeichen wie gerötete Wangen, erhöhte Körpertemperatur, Schweiß oder Übelkeit auslösen.

„Toxische Scham" kann lang anhaltende körperliche und psychologische Folgen haben.

Häufig ist Scham die Folge eines Traumas. Fishkin behauptet beispielsweise, dass Neugeborene, die ein Trauma erlitten haben, oder Kinder, die nie eine stabile Beziehung zu ihren Eltern aufgebaut haben, später im Leben häufig unter dem leiden, was er als „toxische Scham" bezeichnet - eine Art tief sitzendes Gefühl der Unliebenswürdigkeit und Unwürdigkeit.

Während die meisten Menschen kurze Momente der Schuld erleben, spüren diejenigen, die unter toxischer Scham leiden, diese in jedem Aspekt ihrer Identität. „Toxische Scham verschlimmert unsere schlimmsten Ängste", so Fishburn. „Es ist die Furcht, nicht gut genug zu sein, unwichtig zu sein, ein Versager zu sein.

Diese Form der Schuld kann lang anhaltende körperliche und psychologische Folgen haben. Beispielsweise können die ständigen Botschaften „Ich bin fehlerhaft" oder „Ich bin schlecht" im Gehirn Gefühle der Hoffnungslosigkeit oder Ohnmacht hervorrufen, die laut Arielle Schwartz, einer klinischen Psychologin in Colorado, einer Depression sehr ähnlich sein können.

Diese Art von Schamgefühl wurde in wissenschaftlichen Studien mit erhöhter Traurigkeit, Ängsten und Essstörungen in Verbindung gebracht. Viele glauben jedoch, dass sie bei den meisten ihrer klinischen Klienten Schamgefühle entdeckt, die sich hinter Wut, Verzweiflung und Angst verbergen: „Wenn man alle Schichten abblättert, kommt man zum Kern der Demütigung".

„Bei Scham habe ich Angst, nach innen zu gehen und mir meine Fehler einzugestehen, weil das bedeuten würde, dass ich schrecklich oder nicht gut genug bin."

Toxische Scham, so Fishkin, kann auch die Wahrscheinlichkeit von Drogenmissbrauch und Sucht erhöhen, da sie von Natur aus isolierend wirkt. Menschen, die glauben, dass sie wertlos sind, können Alkohol oder Drogen missbrauchen, weil sie nicht die angenehmen, weichen Gefühle erleben, die mit Oxytocin, dem Hormon für soziale Bindungen, verbunden sind.

„Besonders in Zeiten großen Stresses, wie der Epidemie und der sozialen und politischen Belastung, die wir gerade erleben", sagt Flego, „ist dies eine Zeit, in der wir versuchen sollten, uns zu verbinden. „Scham lässt uns jedoch den Blick nach unten richten und hindert uns daran, mit anderen zu interagieren."

Im Gegensatz zu Schuldgefühlen, die Menschen in der Regel zu Veränderungen motivieren, kann Scham manchmal das persönliche Wachstum behindern und dazu führen, dass Menschen sich „festgefahren" fühlen. Das ist die Dichotomie der Scham: Man fühlt sich schlecht und möchte sich besser fühlen. Die Selbstreflexion, die notwendig ist, um das eigene Leben zu verbessern, ist jedoch wahrscheinlich ein beängstigendes Konzept. Infolgedessen verharrst du in einem Zustand von Kampf oder Flucht, um dich zu verteidigen, und der Kreislauf geht weiter.

„Bei Scham habe ich Angst, in mich zu gehen und mir meine Fehler einzugestehen, weil das bedeuten würde, dass ich furchtbar oder nicht gut genug bin", erklärt Flego. „Und wenn wir nicht in der Lage sind, uns selbst klar zu sehen, können wir uns auch nicht verbessern.

Behandlung von Scham

Bei vielen psychischen Erkrankungen wie Angstzuständen und Depressionen ist die kognitive Verhaltenstherapie der Goldstandard der Behandlung, da sie sich darauf konzentriert, Gedanken zu hinterfragen, die zu schädlichen Verhaltensweisen führen können. Scham ist jedoch eher eine physiologische Reaktion auf eine Bedrohung als ein kognitiver Prozess und erfordert daher oft eine andere Strategie.

Fishkin wendet die auf Mitgefühl ausgerichtete Therapie an, bei der die Betroffenen lernen, sich selbst und andere mitfühlender zu betrachten. In einer Studie aus dem Jahr 2016 berichteten die meisten Teilnehmer mit traumabedingter Scham, dass sich sowohl die Scham als auch die Traumasymptome deutlich verringert hätten.

Schwartz ist der Ansicht, dass Selbstmitgefühl die vielleicht wichtigste Komponente für alle ist, die in irgendeiner Form mit Scham konfrontiert sind. Nach der Definition der Psychologin Kristin Neff, der Schöpferin der weit verbreiteten „Selbstmitleidsskala", bedeutet Selbstmitgefühl, in Zeiten des Leidens und Scheiterns freundlich und verständnisvoll mit sich selbst umzugehen und die eigenen Umstände als Teil der größeren menschlichen Erfahrung anzuerkennen. Ihre Forschungen zeigen, dass dies den Menschen hilft, Ängste und Sorgen zu überwinden, Beziehungen zu anderen aufzubauen und das allgemeine psychische Wohlbefinden zu steigern.

In der Praxis, so Flego, kann ein mitfühlenderer Umgang mit sich selbst dazu führen, dass man sich darauf konzentriert, sich von der Schuld freizusprechen, wenn man einen Fehler macht. Oder dass man sich daran erinnert, dass man nicht allein ist, wenn man Fehler macht - sie sind ein natürlicher Teil der menschlichen Erfahrung in der Gemeinschaft. Wenn das eigene Gehirn die Informationen jedoch nicht aufnimmt, kann das Mitgefühl anderer Menschen laut Neffs Studie eine vergleichbare Wirkung haben.

Das ist ein wissenschaftlicher Prozess: Wenn man gestresst ist, braucht der Körper eine Bestätigung von außen, dass die Bedrohung vorüber ist und er wieder zur Homöostase zurückkehren kann. Wenn du dich mit anderen und mit dir selbst verbindest, kannst du deine Angstreaktion abschalten und dein präfrontales Gehirn aktivieren, so dass du lernen und wachsen kannst - und letztlich ein besserer Mensch wirst.

„Wenn wir unser eigenes Leid oder unsere Demütigung großzügig annehmen können, können wir uns besser in andere hineinversetzen", fügt Schwartz hinzu. „In dieser Hinsicht kann Scham ein hervorragender Lehrer sein - sie kann uns helfen, Empathie zu entwickeln."

BEDEUTUNG, ELEMENTE, MERKMALE UND ARTEN VON SOZIALSYSTEMEN

In diesem Abschnitt werden die Bedeutung, die Bestandteile, die Merkmale, die Arten, die Aufrechterhaltung und die Funktionen sozialer Systeme erörtert:

Der Begriff System bezeichnet eine organisierte Struktur, eine gegenseitige Abhängigkeit von Komponenten. Jede Komponente hat einen bestimmten Ort und eine bestimmte Funktion. Die Interaktion zwischen den Mitgliedern bindet sie aneinander. Um die Funktionsweise eines Systems, wie z. B. des menschlichen Körpers, zu verstehen, muss man zunächst die Teilsysteme (z. B. Kreislauf-, Nerven-, Verdauungs- und Ausscheidungssysteme) analysieren und identifizieren und dann verstehen, wie diese verschiedenen Teilsysteme auf präzise Weise zusammenwirken, um die eigentlichen Funktionen des Körpers auszuführen.

In ähnlicher Weise kann die Gesellschaft als miteinander verbundene und voneinander abhängige Elemente verstanden werden, die zusammenarbeiten, um ein erkennbares Ganzes zu erhalten und einen Zweck oder ein Ziel zu erreichen. Einfach ausgedrückt ist ein soziales System eine Anordnung sozialer Interaktionen, die auf gemeinsamen Normen und Werten beruhen. Es besteht aus Menschen, von denen jeder eine Rolle und eine Verantwortung zu erfüllen hat.

Bedeutung von Sozialsystem:

Talcott Parsons ist es zu verdanken, dass der Begriff System in der modernen Soziologie populär wurde. Der Begriff „soziales System" bezieht sich auf eine geordnete Anordnung von Komponenten und deren Wechselbeziehungen. Jede Komponente hat einen bestimmten Ort und eine bestimmte Funktion innerhalb der Anordnung. Die Interaktion zwischen den Komponenten bindet sie aneinander. Ein System bezieht sich also auf die strukturierte Interaktion zwischen den Bestandteilen einer Struktur, die auf funktionalen Beziehungen beruht und diese Bestandteile aktiviert und mit der Realität verbindet.

Die Gesellschaft ist ein System von Konventionen, Autorität und Gegenseitigkeit, das auf dem „Wir"-Gefühl und Ähnlichkeit beruht. Unterschiede innerhalb der Gesellschaft sind nicht ausgeschlossen. Diese sind jedoch der Ähnlichkeit untergeordnet. Sie basiert auf Interdependenz und Kooperation. Sie ist durch gegenseitiges Bewusstsein untrennbar miteinander verbunden. Sie ist im Wesentlichen ein Muster für die Weitergabe von sozialem Verhalten.

Sie wird durch die gegenseitige Interaktion und die Beziehungen der Personen untereinander sowie durch die Struktur, die durch ihre Beziehungen entsteht, definiert. Sie ist nicht zeitlich begrenzt. Sie unterscheidet sich von einer Ansammlung von Menschen und einer Gemeinschaft. Lapierre zufolge „bezieht sich der Begriff Gesellschaft nicht auf eine Ansammlung von Menschen, sondern auf das komplexe Muster von Interaktionsnormen, das sich zwischen ihnen und unter ihnen herausbildet".

Im Hinblick auf die Gesellschaft kann ein soziales System als eine Struktur sozialer Interaktionen definiert werden, die auf gemeinsamen Normen und Werten beruht. Es besteht aus Individuen, von denen jedes eine Position und eine Aufgabe innerhalb des Systems zu erfüllen hat. Durch diesen Prozess beeinflusst einer den anderen; es entstehen Gruppen, die an Einfluss gewinnen, und es bilden sich unzählige Untergruppen.

Jede dieser Gruppen ist jedoch kohärent. Sie arbeiten im Einklang miteinander. Individuen und Gruppen können nicht isoliert funktionieren. Sie sind durch gemeinsame Normen und Werte, Kultur und Verhalten untrennbar miteinander verbunden. So wird das Muster, das sich herausbildet, zum sozialen System.

Soziale Systeme sind nach Parsons „Gruppen von Menschen, die auf der Grundlage gemeinsamer kultureller Normen und Bedeutungen auf konsistente Weise interagieren." Individuen sind die grundlegenden Einheiten der Interaktion.

Nach Charles P. Loomis besteht das soziale System aus gemusterten Interaktionen zwischen sichtbaren Akteuren, deren Beziehungen sich gegenseitig durch die Bildung von Mustern strukturierter und geteilter Symbole und Erwartungen orientieren.

Somit sind alle sozialen Organisationen soziale Systeme, da sie aus interagierenden Individuen bestehen. Jedes interagierende Mitglied spielt eine Rolle bei der Erfüllung der Position, die es im System einnimmt. So wird beispielsweise von Eltern, Söhnen und Töchtern erwartet, dass sie bestimmte gesellschaftlich anerkannte Aufgaben oder Rollen innerhalb der Familie wahrnehmen.

Ebenso arbeiten soziale Organisationen innerhalb der Grenzen eines normativen Musters. Ein soziales System setzt also eine soziale Struktur voraus, die sich aus verschiedenen Komponenten zusammensetzt, die miteinander verbunden sind, um ihre Funktionen auszuführen.

Ein soziales System ist ein allumfassender Rahmen. Es umfasst alle unterschiedlichen Subsysteme, einschließlich wirtschaftlicher, politischer, religiöser und anderer, sowie deren Interaktionen. Soziale Systeme werden durch externe Faktoren wie den Standort eingeschränkt. Dies ist es, was ein System von einem anderen unterscheidet.

Elemente des Sozialsystems:
Die Elemente des Sozialsystems sind wie folgt

1. Überzeugungen und Anerkennung:
Glaube und Wissen tragen zur Verhaltenskonsistenz bei. Sie dienen als Steuerungsorgan für verschiedene Formen menschlicher Gesellschaften. Die Glaubensrichtungen oder Religionen sind das Ergebnis der vorherrschenden Gewohnheiten und Überzeugungen. Sie erfreuen sich an der Stärke des Einzelnen und lenken ihn auf einen bestimmten Weg.

2. Das Gefühl:
Der Mensch existiert nicht allein auf der Grundlage der Vernunft. Gefühle - respektvolle, soziale und ideelle - haben eine wichtige Rolle bei der Gewährleistung des Fortbestands der Gesellschaft gespielt. Sie sind untrennbar mit der Kultur der Menschen verbunden.

3. Zweck oder Ziel:

Der Mensch ist von Geburt an sozial und abhängig. Er muss seine Kriterien erfüllen und seinen Verpflichtungen nachkommen. Zwischen Bedürfnissen und Befriedigung, zwischen Zweck und Ziel existieren Mensch und Gesellschaft. Diese Faktoren beeinflussen das Wesen des sozialen Systems. Sie ebnen den Weg für den Fortschritt und definieren die zurückweichenden Horizonte.

4. Normen und Ideale:

Die Gesellschaft legt bestimmte Normen und Ideale fest, um die soziale Struktur zu bewahren und die verschiedenen Funktionen der verschiedenen Einheiten zu definieren. Diese Normen legen die Regeln und Einschränkungen fest, mit denen Menschen oder Gruppen ihre kulturellen Ziele erreichen können.

Mit anderen Worten: Ideen und Normen sind für die ideale Struktur oder das System der Gesellschaft verantwortlich. Sie sorgen dafür, dass das menschliche Verhalten nicht von den gesellschaftlichen Normen abweicht. Dies führt zu Ordnung und Stabilität.

5. Status-Rolle:

Jedes Mitglied der Gesellschaft erfüllt eine Aufgabe. Er agiert auf der Grundlage von Status-Rollen-Beziehungen. Ein Individuum kann sie aufgrund seiner Geburt, seines Geschlechts, seiner Kaste oder seines Alters erben. Es ist möglich, sie durch den geleisteten Dienst zu erlangen.

6. Rolle:

Wie beim Status hat die Gesellschaft den verschiedenen Personen unterschiedliche Funktionen zugewiesen. Gelegentlich stellen wir fest, dass jeder Status mit einer Rolle verbunden ist. Die Rolle ist die äußere Erscheinungsform der Position. Bei der Ausführung bestimmter Aufgaben oder Tätigkeiten behält jeder Einzelne seine Stellung im Auge. Dies führt zur Integration, Organisation und Einheit des sozialen Systems. Prestige und Rolle sind in der Tat Synonyme. Es ist unmöglich, sie vollständig voneinander zu trennen.

7. Macht:

Der Konflikt ist ein notwendiger Bestandteil des sozialen Systems, und die Ordnung ist sein Ziel. Daher ist es selbstverständlich, dass einige die Macht haben, die Schuldigen zu bestrafen und diejenigen zu loben, die mit gutem Beispiel vorangehen. Die Autorität, die die Macht ausübt, variiert je nach Gruppe; während die Autorität des Vaters in der Familie die höchste sein mag, ist die Autorität des Herrschers im Staat die höchste.

8. Sanktion:

Sie beinhaltet die Bestätigung der Handlungen des Untergebenen durch den Vorgesetzten oder die Durchsetzung von Strafen für Befehlsverstöße. Handlungen, die nach festgelegten Normen ausgeführt oder nicht ausgeführt werden, können sowohl Belohnung als auch Bestrafung nach sich ziehen.

Merkmale des sozialen Systems:

Bestimmte Merkmale zeichnen ein soziales System aus. Zu diesen Merkmalen gehören die folgenden:

1. Das System ist untrennbar mit der Vielfalt der einzelnen Akteure verbunden:

Das heißt, ein System oder ein soziales System kann nicht nur durch die Handlungen einer einzelnen Person aufrechterhalten werden. Es ist das Produkt der Handlungen zahlreicher Personen. Ein System oder ein soziales System kann nicht ohne die Interaktion mehrerer Personen existieren.

2. Zweck und Zielsetzung:
Die Interaktionen oder Aktivitäten der einzelnen Akteure dürfen nicht ziellos oder zwecklos sein. Diese Handlungen müssen auf bestimmte Ziele und Zwecke ausgerichtet sein - die Manifestation vieler sozialer Beziehungen durch menschliche Interaktion.

3. Die Ordnung und das Muster der konstituierenden Einheiten:
Die einfache Kombination verschiedener konstituierender Einheiten, die einem sozialen System entstammen, führt nicht immer zur Bildung eines sozialen Systems. Es muss einem Muster, einer Organisation und einer Ordnung folgen. Die hervorgehobene Einheit zwischen zahlreichen konstituierenden Einheiten führt zu dem Begriff „soziales System".

4. Die Grundlage der Einheit ist die funktionale Beziehung:
Wir haben bereits gesehen, wie mehrere konstituierende Teile zusammenwirken müssen, um ein System zu bilden. Dieser Zusammenhalt gründet sich auf funktionale Beziehungen. Ein soziales System entsteht durch funktionale Beziehungen zwischen verschiedenen konstituierenden Einheiten.

5. Physischer oder umweltbezogener Aspekt des sozialen Systems:
Dies bedeutet, dass jedes soziale System an eine bestimmte geografische Region oder einen bestimmten Ort, eine

bestimmte Zeit oder eine bestimmte Gesellschaft gebunden ist. Das bedeutet, dass das soziale System nicht über Zeit, Raum und Umstände hinweg konsistent ist. Dieses Element des sozialen Systems unterstreicht noch einmal seine dynamische oder variable Natur.

6. Untrennbar mit dem kulturellen System verbunden:
Das soziale System ist auch untrennbar mit dem kulturellen System verbunden. Dies bedeutet, dass kulturelle Systeme die Einheit zwischen den verschiedenen Mitgliedern der Gesellschaft auf der Grundlage gemeinsamer Kulturen, Bräuche und Religionen fördern.

7. Ausgedrückte und implizierte Ziele und Zwecke:
Darüber hinaus ist das soziale System mit expliziten und impliziten Zielen verbunden. Mit anderen Worten: Ein soziales System ist der Zusammenschluss verschiedener menschlicher Individuen, die durch ihre eigenen Ziele, Bestrebungen und Wünsche motiviert sind.

8. Anpassungsmerkmale:
Das soziale System ist ein dynamisches Phänomen, das durch Veränderungen in der Sozialstruktur beeinflusst wird. Außerdem haben wir gesehen, dass das soziale System von den Zielen, Objekten und Wünschen der Gesellschaft beeinflusst wird. Dies legt nahe, dass das soziale System relevant bleibt, wenn es sich an die sich verändernden Objekte und Anforderungen anpasst. Es hat sich gezeigt, dass sich das soziale System als Reaktion auf menschliche Bedürfnisse, die Umwelt und historische Ereignisse und Phänomene verändert.

9. Muster, Ordnung und Gleichgewicht:
Ein soziales System weist ein Muster, eine Ordnung und ein Gleichgewicht auf. Das soziale System ist kein einheitliches Ganzes, sondern eine Ansammlung von verschiedenen Teilen. Dieses Zusammenkommen geschieht nicht zufällig oder planlos. Ordnung und Chaos existieren in Harmonie.

Das liegt daran, dass die einzelnen Einheiten der Gesellschaft nicht unabhängig voneinander funktionieren, sondern innerhalb eines soziokulturellen Musters. Die verschiedenen Einheiten innerhalb dieses Musters erfüllen unterschiedliche Funktionen und Rollen. Dies zeigt, dass das soziale System eine Struktur und Ordnung aufweist.

Arten von Sozialsystemen:
Parsons schlägt vier Haupttypen sozialer Systeme vor, die auf Mustervariablen basieren.

1. Der partikularistische, beschreibende Typ:
Ein soziales System, das auf Verwandtschaft und Sozialität beruht. Überlegungen zu Annahmen beeinflussen die normativen Muster dieses Systems stark. Er ist besonders häufig in präliteralen Gesellschaften anzutreffen, da das primäre Ziel darin besteht, biologisch zu überleben.

2. Der partikularistische Verwirklichungstyp:
Religiöse Vorstellungen haben als Differenzierungsfaktor einen zentralen Einfluss auf das gesellschaftliche Leben. Wenn diese religiösen Überzeugungen rationalisiert werden, ergibt sich die Möglichkeit, neue religiöse Konzepte zu entwickeln. Dies ist zum einen auf den inhärenten Charakter der Prophezeiung

zurückzuführen und zum anderen auf den nicht-empirischen Bereich, mit dem der Porphyr verbunden ist.

3. Der universalistische Verwirklichungstyp:
Wenn ethische Prophetie und nicht-empirische Ideen zusammenkommen, entsteht ein neuer Satz ethischer Normen. Dies liegt daran, dass der ethische Prophet die bestehende Ordnung im Namen des Übernatürlichen in Frage stellt. Da diese Normen aus den bestehenden Verhältnissen hervorgehen, haben sie einen universalistischen Charakter. Außerdem sind sie mit empirischen oder nicht-empirischen Zielen verbunden, was bedeutet, dass sie zielorientiert sind.

4. Der universalistische Zuschreibungstyp:
In diesem sozialen Typus überwiegen die Zuschreibungselemente gegenüber den Orientierungselementen. Dies hat zur Folge, dass der Status des Akteurs über seine Leistung gestellt wird. In einem solchen System werden die Leistungen eines Akteurs im Vergleich zum kollektiven Ziel fast unbedeutend. Infolgedessen wird ein System dieser Art politisch und umstritten. Ein autoritärer Staat ist ein Beispiel für diese Art von System.

Die vielen Systeme der sozialen Kontrolle sind für die Aufrechterhaltung eines sozialen Systems verantwortlich. Diese Mechanismen sorgen dafür, dass die zahlreichen Prozesse der sozialen Interaktion im Gleichgewicht bleiben.

Zusammengefasst lassen sich diese Mechanismen in die folgenden Kategorien einteilen:

(1) Durch die Sozialisierung lernt der Mensch, sich den gesellschaftlichen Erwartungen anzupassen. Bei der Geburt ist

ein Kind weder sozial noch asozial. Durch die Sozialisierung wird es jedoch zu einem Mitglied der Gesellschaft, das seinen Beitrag leistet. Es passt sich an die sozialen Bedingungen an, indem es sich an die gesellschaftlichen Normen, Ideale und Standards hält.

(2) Soziale Eingrenzung

Wie bei der Sozialisation handelt es sich bei der sozialen Kontrolle um ein System von Maßnahmen, mit denen die Gesellschaft das Verhalten ihrer Mitglieder so gestaltet, dass es in ein etabliertes Muster sozialen Verhaltens passt. Nach Parsons enthält jedes System zwei verschiedene Arten von Bestandteilen. Diese sind integrativ und desintegrativ und behindern das Voranschreiten der Integration.

Die Funktionen des sozialen Systems:

Ein soziales System ist eine funktionale Konfiguration. Es würde nicht existieren, wenn dies nicht der Fall wäre. Ein utilitaristischer Charakter hilft, das soziale Leben aufrechtzuerhalten. Parsons hat ausführlich über den funktionalen Charakter der Gesellschaft geschrieben. Andere Soziologen, wie Robert F. Bales, haben sich ebenfalls mit diesem Thema befasst.

Es ist allgemein anerkannt, dass das soziale System mit vier grundlegenden funktionalen Problemen konfrontiert ist. Dazu gehören die folgenden:

1. Anpassungsfähigkeit:

Soziale Systeme müssen an ein sich veränderndes Umfeld angepasst werden können. Zweifellos ist ein soziales System das Ergebnis seiner geografischen Umgebung und eines langen historischen Prozesses, der ihm aus Notwendigkeit Beständigkeit und Starrheit verleiht. Dies bedeutet jedoch nicht, dass es streng sein sollte. Es muss eine formbare und funktionale Einheit sein.

Die Wirtschaft ist notwendig für ihre Aufrechterhaltung, die Arbeitsteilung ist notwendig für eine effizientere Produktion von Produkten und Dienstleistungen, und die Rollendifferenzierung ist notwendig für Beschäftigungsmöglichkeiten. Durkheim widmet in der Arbeitsteilung in der Gesellschaft der Wirkung von Arbeitsteilung und Rollendifferenzierung viel Aufmerksamkeit, da sie ein höheres durchschnittliches Maß an Kompetenz ermöglichen, als es sonst möglich wäre.

Mangelnde Flexibilität hat häufig dazu geführt, dass das soziale System in Frage gestellt wurde. Sie löste eine Revolution aus, die zu einer Neuordnung des Systems führte. Das britische System hatte im neunzehnten Jahrhundert, als der Kontinent in Aufruhr war, große Anpassungsfähigkeit bewiesen. Es passte sich in bewundernswerter Weise an die zunehmenden Erfordernisse des Wandels an. Auch unser System hat im Laufe der Zeit eine außergewöhnliche Anpassungsfähigkeit bewiesen.

2. Zielverwirklichung:
Zielerreichung und Anpassung sind untrennbar miteinander verbunden. Beide tragen zur Aufrechterhaltung der sozialen Ordnung bei.

Jedes soziale System hat ein oder mehrere Ziele, die kooperativ erreicht werden müssen. Die nationale Sicherheit ist vielleicht das beste Beispiel für ein gesellschaftliches Ziel. Die Verwirklichung von Zielen erfordert natürlich eine Anpassung

Guilt Game

My-mindguide.com

an die soziale und nicht-soziale Umgebung. Die menschlichen und nicht-menschlichen Ressourcen müssen jedoch durch den spezifischen Charakter der Aufgabe effektiv mobilisiert werden.

So muss es beispielsweise ein Verfahren geben, mit dem sichergestellt wird, dass zu jedem Zeitpunkt genügend, aber nicht zu viele Personen die einzelnen Positionen besetzen. Außerdem muss es eine Methode geben, um zu entscheiden, welche Personen welche Rollen übernehmen. Zusammen lösen diese Verfahren das Problem der Mitgliederzuteilung in einem sozialen System. Wir haben bereits über die „Notwendigkeit" von Eigentumsnormen gesprochen. Die Regeln für die Vererbung - zum Beispiel die Primogenitur - lösen dieses Problem zum Teil.

Natürlich sind die Zuweisung von Mitgliedern und die Verteilung knapper, wertvoller Ressourcen entscheidend für die Anpassungsfähigkeit und das Erreichen von Zielen. Die Unterscheidung zwischen Anpassungsfähigkeit und Zielerreichung ist kontextabhängig.

Die Wirtschaft einer Gesellschaft ist das Teilsystem, das Güter und Dienstleistungen für verschiedene Zwecke produziert; das „Gemeinwesen", eine komplexe Gesellschaft, zu der vor allem die Regierung gehört, mobilisiert Güter und Dienstleistungen zur Erreichung bestimmter Ziele der Gesamtgesellschaft, die als ein einziges soziales System betrachtet wird.

3. Integration:
Ein soziales System ist ein integrierendes System. Im täglichen Leben ist es nicht die Gesellschaft, sondern die Gruppe oder Untergruppe, in der man sich am meisten engagiert

und interessiert fühlt. Im Großen und Ganzen spielt die Gesellschaft in den Berechnungen des Einzelnen keine Rolle. Dennoch wissen wir, wie Durkheim bemerkte, dass der Mensch ein Produkt der Gesellschaft ist. Emotionen, Gefühle und historische Faktoren sind so mächtig, dass man sich von ihnen nicht loslösen kann.

Diese Kräfte werden am deutlichsten, wenn die Gesellschaft mit einer Krise oder einer äußeren Bedrohung konfrontiert ist. Ein Aufruf zum Handeln im Namen der Gesellschaft, der Kultur, der Tradition, des Patriotismus, der nationalen Solidarität oder des sozialen Wohlergehens löst eine rasche Reaktion aus. Die Zusammenarbeit bei den Bemühungen ist häufig ein Zeichen für Integration. Sie ist die wahre Grundlage der Integration.

In normalen Zeiten zeigt sich der Geist der Integration am besten durch die Einhaltung der gesetzlichen Normen. Wenn sie nicht eingehalten werden, herrscht die Macht über das Recht, das Ego über die Gesellschaft, und der Geist der Gegenseitigkeit, der auf dem Gemeinwohl beruht, geht verloren. Gegenwärtig besteht ein auf Logik und Ordnung beruhendes Verhältnis von Befehl und Gehorsam. Wenn diese nicht aufrechterhalten wird, zerfällt die soziale Ordnung.

In fast jedem sozialen System gibt es Mitglieder, die gegen Beziehungs- oder Ordnungsnormen verstoßen, sogar ganze Untergruppen. Sofern sie gesellschaftlichen Kriterien entsprechen, bedrohen Verstöße gegen diese Normen das soziale System.

Dies impliziert die Existenz eines sozialen Kontrollsystems. „Soziale Kontrolle" bedeutet, dass auf Verstöße konsequent reagiert werden muss, um die Integrität des Systems zu gewährleisten. Wenn Meinungsverschiedenheiten über die Auslegung von Beziehungs- oder Regelungsnormen oder über die faktischen Aspekte von Interessenkonflikten auftreten, sind vereinbarte soziale Verfahren zur Lösung des Konflikts erforderlich. Andernfalls würde sich das soziale System nach und nach auflösen.

4. Latente Mustererhaltung:
Die wesentliche Funktion eines sozialen Systems besteht darin, Muster aufrechtzuerhalten und Spannungen zu regulieren. Ohne konzertierte Anstrengungen ist es unmöglich, die soziale Ordnung aufrechtzuerhalten und zu bewahren. In der Tat enthält jede soziale Organisation einen inhärenten Mechanismus für diesen Zweck.

Jedes Individuum und jede Untergruppe erwirbt Muster, indem sie Normen und Werte verinnerlicht. Die Sozialisierung bewirkt, dass die Akteure eine geeignete Einstellung zu Regeln und Institutionen entwickeln. Es reicht also nicht aus, den Akteuren das Muster beizubringen, sie müssen auch ermutigt werden, es zu befolgen. Dies erfordert ständige Bemühungen - im Sinne von sozialen Kontrollmaßnahmen.

Es kann immer noch Zeiten geben, in denen die Komponenten des sozialen Systems abgelenkt und gestört werden. Spannungen können aus internen oder externen Gründen auftreten, und die Gesellschaft kann in eine Krise geraten. So wie eine in Not geratene Familie alle verfügbaren Ressourcen mobilisiert, um sie zu überwinden, muss eine in Not geratene Gemeinschaft alle verfügbaren Ressourcen mobilisieren.

Diese Phase der „Überwindung" ist das Spannungsmanagement. Wie bei einer Familie hat die Gesellschaft die Aufgabe, die Funktion ihrer Mitglieder aufrechtzuerhalten, ihre Not zu lindern und diejenigen zu fördern, die für das System schädlich wären. Gesellschaften haben sich erheblich verschlechtert, weil die Mechanismen zur Aufrechterhaltung von Mustern und zur Bewältigung von Spannungen häufig versagt haben.

Equilibrium und sozialer Wandel:
Equilibrium ist ein „ausgeglichener" Zustand. Es ist ein „Zustand vollkommener Ausgeglichenheit". Der Begriff bezieht sich auf die Interaktion von Einheiten innerhalb eines Systems. Wenn Systeme zu den am wenigsten belastenden und am wenigsten unausgewogenen Umständen tendieren, liegt ein Gleichgewichtszustand vor. Das Vorhandensein eines Gleichgewichts zwischen den Komponenten ermöglicht es dem System, normal zu funktionieren.

Der Gleichgewichtszustand ist ein „integrierter und stabiler Zustand". Gelegentlich ist es denkbar, dass durch die Entwicklung einer bestimmten Ansammlung von Produktivkräften, wie z. B. Interessengruppen, ein adäquater Überbau von Institutionen entsteht. Parsons definiert Gleichgewicht als „einen geordneten Prozess der Systemveränderung".

Die Systeme zur Aufrechterhaltung des Gleichgewichts, wie von ihm angegeben, regeln zwei wesentliche Arten des Zyklus: „Die erste Art ist der Sozialisationsprozess, durch den sich die Akteure die für die Darstellung ihrer Rolle im sozialen Gefüge wichtigen Hinweise verschaffen, wenn sie sie nicht erst vor kurzem erhalten haben; die nachfolgende Art ist die Interaktion, die mit der Harmonie zwischen dem Alter der Inspirationen zum Fehlverhalten und dem Ausgleich zum Wiederaufbau der ausgeglichenen intuitiven Interaktion verbunden ist, die wir das Instrument der sozialen Kontrolle genannt haben".

Ein soziales System setzt eine Ordnung zwischen den interagierenden Einheiten des Systems voraus. Unabhängig davon, ob es sich um ein Gleichgewicht oder harmonische zwischenmenschliche Beziehungen handelt, kann diese Ordnung zuweilen durch soziale Veränderungen erschüttert werden, die durch Innovationen hervorgerufen werden, die neue Vorstellungen von Rollen und Normen erzwingen. Wenn eine Frau außer Haus arbeitet, ändert sich ihre Aufgabe als Hausfrau; diese Verschiebung hat mit Sicherheit auch Auswirkungen auf andere soziale Einrichtungen.

Die Aufrechterhaltung der Ordnung in einem sozialen System ist eine Herausforderung, wenn es häufig zu sozialen Veränderungen kommt. In der Gleichgewichtsanalyse schlug Herbert Spencer einen Zusammenhang zwischen Ursache und Wirkung vor, um den sich verändernden Charakter von Gesellschaften zu erklären.

Das strukturell-funktionale Muster der Institutionen, aus denen sich eine Gesellschaft zusammensetzt, würde sich als Reaktion auf Veränderungen in der äußeren Umgebung und den internen Bedingungen ändern. Die Anordnung der Komponenten der Gesellschaft würde sich ändern, bis ein angemessenes „Gleichgewicht" erreicht ist.

Spencers Entwicklung der Gleichgewichtstheorie zeigte ihre universelle Anwendbarkeit. Er betonte, dass sich die Individuen einer Gemeinschaft stets an ihre materielle Substanz anpassen. „Jede Gesellschaft demonstriert den Gleichgewichtsprozess durch die ständige Anpassung ihrer Bevölkerung an ihre Lebensgrundlagen", sagte er.

Ein Menschenstamm, der sich von wilden Tieren und Früchten ernährt, schwankt wie jeder Stamm minderwertiger Arten ständig zwischen der maximalen und minimalen Anzahl, die der Ort tragen kann. Obwohl die künstliche Produktion ständig gesteigert wird, ändert eine überlegene Rasse ständig die durch äußere Faktoren auferlegte Bevölkerungsgrenze, und es gibt immer eine Kontrolle der Bevölkerung an der vorübergehend erreichten Grenze".

Spencer entwickelte seine Theorie des Gleichgewichts unter Bezugnahme auf zahlreiche wirtschaftliche Merkmale und das industrielle System einer Gesellschaft, die sich stets den Kräften von Angebot und Nachfrage anpasst. Darüber hinaus hat er politische Institutionen unter dem Gesichtspunkt „Gleichgewicht - Ungleichgewicht" diskutiert. Es ist auf alle Gesellschaften gleichermaßen anwendbar.

Gleichgewichts-Disequilibrium-Anpassungen können die Veränderungen in der Gesellschaft als Ganzes und ihre Interaktionen mit ihren Bestandteilen erklären. Nach Ronald Fletchers The Making of Sociology ist der „Marxsche Historische Materialismus" eine „Gleichgewichts-Disequilibrium-Analyse der historischen Abläufe von sozialer Ordnung und sozialem Wandel und eine Erklärung dieses Prozesses in Form von materiellen Veränderungen, begleitenden sozialen Konflikten und deren Lösung".

Guilt Game

Signs You Might Be Suffering From Guilt
Anxiety
Crying
Insomnia
Muscle tension
Rumination
Regret
Upset stomach
Worry

My-mindguide.com

SCHAM UND SCHULDGEFÜHLE DURCH ENTFREMDUNG IN DER FAMILIE

Warum zögern wir mit unserer Entscheidung, die Beziehungen zu unserer Familie zu kappen?

Der Mensch ist ein soziales Lebewesen. Unsere Familien sind die ersten Orte, an denen wir uns mit anderen identifizieren können.

Wenn wir Glück haben, werden wir in eine Familie hineingeboren, die uns sowohl ein gesundes Maß an Schutz vor der Außenwelt als auch einen gesunden Status der Verbundenheit mit ihr bietet.

Bedauerlicherweise haben manche Menschen eine ganz andere Vorstellung von Familie. Anstatt uns den sicheren Kokon zu bieten, den wir suchen, werden die Menschen, die uns am nächsten stehen, emotional, körperlich oder sexuell missbraucht. Sie leben in der Angst, etwas Falsches zu tun oder zu sagen, und bemühen sich, inmitten des Familienstreits eine neutrale Haltung einzunehmen. Das Leben in einem verängstigten und schweigsamen Haushalt fordert seinen Tribut an der geistigen und körperlichen Gesundheit, so dass die einzige Möglichkeit manchmal darin zu bestehen scheint, alle Beziehungen ganz abzubrechen.

Die meisten Menschen treffen diese Entscheidung nur, um nicht in einem schädlichen Umfeld gefangen zu sein. Die meisten Menschen, die sich von einem geliebten Menschen entfremdet haben, empfinden auch ein tiefes Gefühl der Scham und Schuld.

Sie schauen sich vielleicht nach glücklichen Müttern und Töchtern, Brüdern, Söhnen und Vätern um und fragen sich: War es richtig, was ich getan habe, wenn es zu diesem Ergebnis geführt hat? Was auch immer der Auslöser für die Entfremdung war, es ist ganz natürlich, dass man deswegen Reue empfindet. Wenn wir von unserer Familie getrennt sind, fühlen wir uns häufig schuldig, weil wir annehmen, dass wir etwas falsch gemacht haben. Interessant wäre es, wenn ein Freund oder ein Arbeitskollege seine Unzufriedenheit mit der Zugehörigkeit zu seiner Familie zum Ausdruck brächte. In diesem Fall würdest du vielleicht glauben, dass ihr Rückzug gerechtfertigt war. Es ist jedoch schwierig, eine rationale Sichtweise beizubehalten, wenn es um einen selbst geht.

Ein weiteres vorherrschendes Gefühl ist die Scham. Im Gegensatz zu Schuldgefühlen, die ein Gefühl dafür sind, dass wir etwas falsch gemacht haben, ist Scham eine Selbsteinschätzung, dass unser ganzes Wesen fehlerhaft ist. Was ist wirklich falsch an mir, das mich daran hindert, eine tiefe, gesunde Beziehung zu meiner Familie zu haben? „Die Familie" wird häufig als heilige Einheit dargestellt. Selbst wenn es in den Filmen zu Auseinandersetzungen kommt, gibt es immer ein Wiedersehen am Sterbebett. Wir stellen uns große Familien als fröhliche, ausgelassene, unterstützende Situationen vor. Wir gehen davon aus, dass Mütter und Väter das Beste für ihre Kinder im Sinn haben. Wenn „Blut dicker ist als Wasser", was ist an mir ist dann so fehlerhaft, dass mein Blut zutiefst giftig geworden ist?

Schuldgefühle sind zwar nie angenehm, aber das Gefühl, etwas falsch gemacht zu haben, ist wahrscheinlich leichter zu ertragen als das Gefühl, dass mit einem selbst etwas nicht stimmt. Die Scham, die mit der familiären Entfremdung einhergeht, durchdringt dein Innerstes und kann dein Selbstwertgefühl enorm beeinträchtigen. Während meines kurzen Wiedersehens mit meiner Familie - das nach Jahren der Entfremdung nur ein paar Monate dauerte - fühlte ich mich erleichtert, meinen Bruder und meine Schwestern im Gespräch anzusprechen. Obwohl ich meine Entfremdungsprobleme überwunden hatte, war es dennoch eine Erleichterung, wieder ein „normales" Familienmitglied zu sein. Es war tröstlich zu glauben, dass ich ein Mensch war, der mit all meinen Geschwistern gut auskam.

Als meine Bemühungen, ein freundschaftliches Verhältnis zu meinem Bruder und meiner Schwester aufrechtzuerhalten, scheiterten (zu einer anderen Schwester und meiner Mutter hatte ich weiterhin ein gutes Verhältnis), wurden Scham und Schuldgefühle zu meinen Anlaufstellen. Ich erkannte, dass meine ständige Selbstbefragung weitaus intensiver war als die Gefühle der Trauer um meine Geschwister. „Bin ich einfach ein böser Mensch?" fragte ich meinen Ehepartner.

Trotz meines jahrelangen Bewusstseins beurteilte ich mich selbst von einem emotional verletzten Punkt aus - und meine Einschätzung war durch die Vorstellungen unserer Gesellschaft von „der Familie" verzerrt.

Wenn du dich dazu entschließt, dich zu isolieren, solltest du Folgendes bedenken: Deine Familie mag aus Geschwistern,

Eltern und Kindern bestehen, aber sie sind auch Individuen. Sie haben kein Recht, dir vorzugaukeln, dass ihre Handlungen gerechtfertigt sind, wenn sie in Wirklichkeit missbräuchlich sind. Sie haben keinen Anspruch auf dich, nur weil du mit ihnen verwandt bist.

Wenn du Mitglied einer Familie bist und die einzige Alternative die Entfremdung ist, ist das schrecklich, und niemand möchte in dieser Situation sein. Es ist jedoch deine Entscheidung, und diesen Weg einzuschlagen, macht dich nicht automatisch zu einem schlechten oder fehlgeleiteten Menschen. Nachdem sie sich mit der Entfremdung abgefunden haben, entdecken die meisten Menschen ein Gefühl der Gelassenheit und Erleichterung, das zuvor als Mitglied ihrer toxischen Familie nicht möglich war, und können mit dem Heilungsprozess beginnen.

FÜHLST DU DICH SCHULDIG WEGEN DEINER ELTERLICHEN BEZIEHUNG? VERWENDE DIESE METHODE

Eine Sache verblüfft mich immer wieder. Es ist der Prozentsatz der anständigen, fürsorglichen Menschen, die in ihren Beziehungen zu ihren Eltern unerklärliche Schuldgefühle empfinden.

Als Experte für das Unterbewusstsein habe ich dies so häufig erlebt, dass es mich dazu inspiriert hat, viel über die Ursachen dieser Schuldgefühle nachzudenken und zu forschen. Und meine Bedenken darüber spielten eine wichtige Rolle bei meiner Entscheidung, mein zweites Buch über dieses Thema zu schreiben: Nicht mehr leer laufen: Transformiere deine

Beziehungen zu deinem Partner, deinen Eltern und deinen Kindern.

Der heutige Beitrag enthält einen Auszug aus dem Buch, etwas gekürzt und bearbeitet. Ich hoffe, dass er dir dabei hilft, die Wurzeln deiner Schuldgefühle zu erkennen. Ich hoffe, dass du herausfinden kannst, ob deine Schuldgefühle für dich nützlich sind und was du dagegen tun kannst.

Deine Beziehung zu deinen Eltern

Unsere Gehirne sind mit einem angeborenen Wunsch nach Aufmerksamkeit und Verständnis unserer Eltern ausgestattet. Wie bei notwendigen Vitaminen und Mineralien müssen wir mit diesen grundlegenden emotionalen Elementen ausreichend versorgt sein, um uns zu starken, selbstbewussten und emotional versierten Erwachsenen zu entwickeln.

Wir haben uns diese Bedürfnisse nicht ausgesucht, und wir werden sie auch nie loswerden. Sie sind stark und real, und sie treiben uns im Leben voran.

Dennoch wachsen Legionen von Kindern auf, die bestenfalls eine verwässerte Version der Aufmerksamkeit, des Verständnisses und der Akzeptanz ihrer Eltern erhalten. Ich bezeichne dieses Versäumnis, die grundlegenden emotionalen Bedürfnisse eines Kindes zu erfüllen, als emotionale Vernachlässigung in der Kindheit, oder CEN.

Viele Menschen versuchen, diese grundlegenden Kriterien herunterzuspielen, indem sie sie als Makel darstellen oder sich selbst als von ihnen ausgenommen erklären.

Mir ist es egal, was meine Eltern von mir denken.

Ich bin es leid, es ihnen recht machen zu wollen.

Sie sind für mich einfach nicht mehr wichtig.

Ich verstehe sehr gut, warum du dir einredest, dass deine grundlegendsten emotionalen Bedürfnisse unwirklich sind. Schließlich ist es unerträglich, wenn die grundlegendsten biologischen und persönlichen Bedürfnisse in der Jugend vereitelt werden. Es ist ein normaler Bewältigungsmechanismus, diese Irritation, den Kummer und das Unglücklichsein zu lindern oder zu beseitigen.

Die Realität ist jedoch, dass NIEMAND, und ich meine NIEMAND, gegen dieses Verlangen immun ist. Man kann es verdrängen, leugnen oder sich etwas vormachen, aber es wird nicht verschwinden. Deshalb hat es Auswirkungen, wenn man in einem Umfeld aufwächst, in dem man von seinen Eltern nicht gesehen, gekannt, verstanden oder anerkannt wird.

Wenn man erwachsen ist, werden zusätzlich zu den Auswirkungen der emotionalen Vernachlässigung (die in den vorangegangenen Abschnitten erörtert wurden) bestimmte paradoxe Gefühle die Beziehungen der CEN-Kinder zu ihren Eltern belasten.

Zahlreiche emotional vernachlässigte Kinder wachsen in einem scheinbar normalen Umfeld auf. Sie haben vielleicht eine angemessene Wohnung, eine angemessene Ausbildung und alle ihre grundlegenden Bedürfnisse erfüllt bekommen. Doch ihre grundlegendsten emotionalen Bedürfnisse werden allmählich und unbemerkt unterdrückt.

Als Erwachsene erinnern sich die CEN-Kinder an all die materiellen Geschenke, die sie von ihren Eltern erhalten haben, sind sich aber häufig der Bedeutung des emotionalen Versagens ihrer Eltern nicht bewusst. Infolgedessen haben CEN-Kinder äußerst komplizierte und verwirrende Gefühle gegenüber ihren Eltern.

Typischerweise koexistieren Liebe und Wut, Wertschätzung und Entbehrung und Mitgefühl mit Ungeduld oder Langeweile. Vielleicht fühlst du dich schuldig, weil du dich fragst, warum du nicht die besseren und liebevollen Gedanken deiner Eltern spürst. Schuldgefühle tauchen aus dem Nichts oder aus rätselhaften Gründen auf. Und du hast kein Verständnis für diese Gefühle.

Auf diese Weise aufzuwachsen, ist keine Garantie dafür, dass man Schaden nimmt. In der Tat ist es durchaus machbar, wenn du, anstatt es zu leugnen, anerkennst, dass deine Forderungen natürlich und legitim sind. Dann kannst du deine emotionalen Ansprüche und deine Gefühle bewusst kontrollieren. Auf diese Weise kannst du das Leiden lindern, das damit verbunden ist, unbemerkt, unerkannt oder missverstanden aufzuwachsen.

Die Schuldgefühle

Ertappst du dich dabei, dass du irrational wütend auf deine Eltern bist, wenn du dich mit ihnen einlässt, nur um dich später schlecht zu fühlen? Musst du an Familienveranstaltungen teilnehmen, nur weil du das immer getan hast und deine Eltern es von dir erwarten? Würdest du dich sehr schlecht fühlen, wenn du eine gesündere und vorteilhaftere Veränderung vornehmen wolltest? Ich vermute, die Antwort auf eine oder mehrere dieser Fragen lautet ja.

Du musst jedoch erkennen, dass Schuldgefühle in Fällen wie diesen unwirksam sind. Schuldgefühle sollen uns davon abhalten, anderen zu schaden oder sie zu verletzen. Sie soll uns nicht daran hindern, uns selbst zu verteidigen. Du, der du dich einfach nur um dich selbst kümmern musst, um nicht ständig verletzt oder vernachlässigt zu werden (oder beides), bist der Letzte, der sich schuldig fühlen sollte.

Deine Schuldgefühle können auftauchen und deine Bemühungen um gesunde Anpassungen und besseren Selbstschutz behindern. Deine Schuldgefühle zehren an dir und machen dich anfälliger für weitere Verletzungen. Deshalb muss sie bekämpft werden. Ich habe die unten beschriebene Strategie entwickelt, um dir dabei zu helfen, genau das zu tun. Außerdem kannst du sie in jeder anderen Situation anwenden, in der dich unproduktive Schuldgefühle plagen oder niederdrücken.

Die vierstufige Schuldbewältigungsmethode
1. Bewerte deine Schuldgefühle auf einer Skala von 1 bis 10, wobei 1 für keinerlei Schuldgefühle und 10 für die größte Menge steht.

2. Ordne deine Schuld der legitimen Ursache zu. Stelle dir dazu die folgenden hilfreichen Fragen und notiere ihre Antworten.

• Wofür fühle ich mich konkret schuldig?

• Wie viel von meiner Schuld rührt von einer Handlung her, die ich getan habe oder zu tun gedenke? Wieviel rührt von einem Gefühl her, das ich empfinde, z.B. Ärger, Groll, Irritation oder Abscheu?

- Kommuniziert mein Schuldgefühl auf irgendeine Weise mit mir? Rät sie mir zum Beispiel, mein Verhalten zu ändern?

- Versuchen meine Eltern (oder Geschwister oder der Ehepartner), mir Schuldgefühle einzuflößen?

3. Treffe einige Entscheidungen auf der Grundlage deiner Einschätzung von Schuld und Schuldzuweisungen. Wenn deine Scham dir nichts Gutes mitteilt, versuche, sie aktiv zu kontrollieren. Dadurch wird deine Fähigkeit, Grenzen gegenüber deinen Eltern zu setzen, nicht beeinträchtigt. Dies sollte einfach sein, wenn deine Bewertung niedrig ist. Bei einem mittleren Wert wirst du vielleicht häufig innehalten müssen, um dich daran zu erinnern, dass deine Schuldgefühle unproduktiv sind. Wenn sie übermäßig groß sind, rate ich dir dringend, mit jemandem darüber zu sprechen. Vielleicht möchtest du die Hilfe eines erfahrenen Spezialisten in Anspruch nehmen. Ich habe erlebt, wie Schuldgefühle viele fähige Menschen lähmten und sie daran hinderten, wichtige Veränderungen in ihren Beziehungen zu ihren Eltern vorzunehmen.

4. Nutze diese Hinweise, um mit deinen Schuldgefühlen umzugehen. Lies diese Liste bei Bedarf erneut.

- Vieles von dem, was du über deine Eltern fühlst, ist verständlich. Es gibt einen Grund, warum du sie hast.

- Du hast keine Kontrolle darüber, wie du dich fühlst.

- Gefühle an sich sind nicht schlimm oder falsch. Nur Handlungen können auf diese Weise beurteilt werden, und nur Handlungen können beurteilt werden.

- Die emotionalen Narben, die die Weigerung deiner Eltern, dich anzuerkennen, hinterlassen hat, werden bleiben, egal wie viel Geld sie dir zur Verfügung stellen.

- Das Setzen von Grenzen gegenüber deinen Eltern ist wichtig für dein Wohlbefinden und das deiner Familie. Auch wenn du es nicht willst, ist das wahr.

Schuldgefühle haben die unglaubliche Fähigkeit, deine Aufmerksamkeit von hilfreicheren Emotionen wie z. B. Wut abzulenken. Deine Gedanken der Wut auf deine Eltern sind berechtigt.

Rät dir deine Wut, einen Schritt zurück von deinen Eltern zu machen? Dich besser zu verteidigen? CEN mit deinen Eltern zu besprechen? Grenzen mit deinen Eltern zu setzen? Sich zu weigern, eine familiäre Verpflichtung zu erfüllen? Deine emotionale Distanz zu deinen Eltern heute zu vergrößern? All diese Botschaften sind für dich sehr wertvoll, und sie werden ausgelöscht, wenn Schuldgefühle ins Spiel kommen.

Deine Gefühle sind berechtigt und notwendig. Schuldgefühle sind jedoch nicht förderlich für dich. Es liegt an dir, deine Schuldgefühle zu kontrollieren, dir zu eigen zu machen, auf sie zu hören und all deine anderen Gefühle zu regulieren. Dann, und nur dann, wird deine Beziehung zu deinen Eltern für dich einen Sinn ergeben.

SCHULDGEFÜHLE IN FAMILIENUNTERNEHMEN ERFORSCHEN

In meiner Arbeit mit Unternehmerfamilien sprechen wir häufig mit Familienmitgliedern, die durch Schuldgefühle in einen emotionalen Konflikt geraten sind. Sie können sich schuldig fühlen, weil es ihnen in einer Zeit, in der andere leiden, gut geht; sie können sich ständig schuldig fühlen, weil sie die Früchte der harten Arbeit ihrer Eltern oder Großeltern geerbt haben; sie können sich schuldig fühlen, weil sie Chancen erhalten haben, die ihnen statt anderen Familienmitgliedern geboten wurden, oder sie können sich schuldig fühlen, weil sie Führungspositionen übernommen haben, die zuvor von Mitgliedern der älteren Generation besetzt waren. Unsere Kunden beschreiben häufig diese und zahlreiche andere Beispiele für die quälende Erfahrung eines schlechten Gewissens.

Die Mitglieder eines Familienunternehmens sind durch mehrere Beziehungsebenen miteinander verbunden. Sie können in der einen Minute die Rolle des Chefs und in der nächsten die des Vaters einnehmen; in der einen Minute die eines Vorstandsmitglieds und in der nächsten die einer Schwester; in der einen Minute die einer Mutter und in der nächsten die einer Aktionärin. In jeder dieser Kombinationen spielen die grundlegenden Verbindungsbedürfnisse eines jeden von uns auf komplexe Weise zusammen. Die Erfahrung eines „schlechten Gewissens" reguliert drei primäre Bedürfnisse:

- Das Bedürfnis, dazuzugehören, willkommen zu sein und mit geliebten Menschen verbunden zu sein.

- Das Bedürfnis, das Gleichgewicht von Geben und Nehmen zu bewahren und durch einen kontinuierlichen Prozess des Austauschs ein faires Gleichgewicht zu erreichen.

- Der Wunsch nach Vorhersehbarkeit und Sicherheit sowie nach Ordnung in sozialen Konventionen, die häufig über

Jahre hinweg verfeinert werden, indem man lernt, „wie die Dinge hier gemacht werden".

Es ist von Vorteil zu erkennen, dass die Erfahrung von Schuld oder Unschuld ein wichtiges Instrument ist, um zwischen verschiedenen Bedürfnissen zu navigieren, insbesondere wenn wir mit schwierigen Entscheidungen konfrontiert werden. Das „Gewissen" funktioniert ähnlich wie ein inneres Organ, das ständig abwägt, was einer Beziehung nützt und was ihr schadet. Genauso wie das Auge ständig Licht und Dunkelheit erlebt, nutzt unser Gewissen Schuld- oder Unschuldsgefühle, um zu verfolgen, wie wir uns in jeder unserer Interaktionen fühlen und wann widersprüchliche Loyalitäten dazu führen, dass wir uns schuldig oder unschuldig fühlen. Was eine Tochter in der Gegenwart ihrer Eltern unschuldig fühlen lässt, kann dazu führen, dass sie sich in der Gegenwart ihres Ehemannes schuldig fühlt. Was einen Bruder während einer dringenden Finanzsitzung mit den Aktionären seiner Geschwister unschuldig erscheinen lässt, kann ihn als Manager, der über Entlassungsmöglichkeiten nachdenkt, schuldig fühlen lassen. Wenn Familienmitglieder ihre eigenen Ansprüche mit den Bedürfnissen der anderen in Einklang bringen, gedeihen Familienunternehmen und Beziehungen.

Unser Wunsch, dazuzugehören, ein Gleichgewicht zwischen Geben und Nehmen zu finden und die Grenzen sozialer Konventionen einzuhalten, trägt zum Überleben der Familienunternehmensstruktur bei. Jedes Bedürfnis hat jedoch seine eigenen Ziele und damit verbundene Gefühle von Schuld und Unschuld.

Wenn eine Handlung die eigene Zugehörigkeit bedroht, fühlt sich Schuld wie Ausgrenzung und Angst vor Entfremdung an. Wenn wir auf eine Art und Weise handeln, die die Zugehörigkeit fördert, erleben wir Naivität als tiefe Einbeziehung und Nähe, selbst wenn wir dadurch Personen außerhalb der Gruppe Schaden zufügen. Wenn sich das Ziel der Gruppe verschiebt, ändern sich auch die „Regeln" für akzeptables Verhalten, und was die eine Gruppe unterstützt, führt oft dazu, dass sich die andere schuldig fühlt.

Wenn man nicht gleichermaßen gibt und erhält, hat man das Gefühl, etwas falsch gemacht zu haben. Wenn wir uns im Gleichgewicht befinden, erleben wir Unschuld als Vollständigkeit oder Freiheit. Wenn man mehr gibt als man empfängt, kann man sich mächtig und berechtigt fühlen, während sich der Empfänger bei dieser Transaktion häufig verpflichtet fühlt.

Schuld wird als Übertretung oder Angst vor Konsequenzen erlebt, wenn man gegen die sozialen Regeln einer Gruppe verstößt. Das Gefühl der Unschuld in Bezug auf die Normen der Gruppe kann Loyalität oder Engagement zeigen, auch wenn die Konsequenzen für Personen außerhalb der Gruppe schwerwiegend sein können.

WIE DAS VERSTÄNDNIS VON SCHULD UND SCHAM UNSER INTERKULTURELLES ZEUGNIS UNTERSTÜTZEN KANN

Moderne Missionswissenschaftler zwingen Missionare häufig dazu, zwischen einem „Schuld-Unschuld"-Evangelium und einer Botschaft der „Ehre-Scham" zu wählen. Schuld und Scham sind jedoch untrennbar miteinander verbunden.

„Was ist passiert, und ist alles in Ordnung?"
Diese wichtige Frage ist ein ständiger Begleiter auf deiner Erziehungsreise, wenn du ein Elternteil bist. Ein zerbrechendes Glas und ein weinendes Kind machen dich darauf aufmerksam, dass etwas schief gelaufen ist.

Es braucht auch nicht viel Verstand oder Forschung, um zu erkennen, dass unsere Welt zerrüttet ist und dringend der Hilfe bedarf. Wir sehen das Leid der anderen, erleben unser eigenes und sehnen uns nach Erholung, Flucht und Ruhe. Wie können wir einer Welt, die verzweifelt nach Lösungen sucht, um ihrer Zerrissenheit zu entkommen, die frohe Botschaft des Christentums anbieten und erklären?

Bei Schuld geht es um den rechtlichen Status einer Person vor dem Gesetz. Ein Richter fällt ein rechtliches Urteil auf der Grundlage von Beweisen, dass eine Person gegen das Gesetz verstoßen hat. In einer idealen Welt ist Schuld eine unvoreingenommene Beurteilung der Einhaltung des Gesetzes durch den Einzelnen.

Da Sünde eine Verletzung eines höheren, religiösen Gesetzes ist, muss der Gerechtigkeit Genüge getan werden. Schuld ist ein rechtlicher Status, der aufgrund unserer Beziehung zum Gesetz moralische Gefühle hervorrufen sollte.

Durch seine ideale, stellvertretende Buße am Kreuz hat zum Beispiel in der christlichen Lehre, Gott unsere Übertretung gedeckt und für unsere Verpflichtung bezahlt und uns so von der Verantwortung für unser Fehlverhalten befreit. Im Gegensatz dazu befasst sich die Scham mit den zwischenmenschlichen Beziehungen innerhalb der Familie. Wenn Kinder höfliche, gehorsame Beziehungen zu ihren Eltern pflegen, werden sie geehrt. Aus der Perspektive der Scham ist Sünde der Akt, eine Beziehung zu beenden, die Familie zu entehren und sich der Autoritätsperson der Familie zu widersetzen. Schande fällt auf den Einzelnen, seine Familie, seine Gemeinschaft und die Autorität/den Ältesten/Vater der Gruppe, wenn diese Beziehung abgebrochen wird.

Um von unserer Demütigung befreit zu werden, müssen wir in die geistige Familie aufgenommen und in liebende Kinder statt in rebellische Feinde verwandelt werden.

„Schuld ist ein rechtliches Problem, während Scham ein Beziehungsproblem ist. Das christliche Evangelium wie auch alle großen Weltreligionen bietet sowohl rechtliche als auch relationale Erlösung.“

Eine Darstellung des christlichen Evangeliums, die die Schuld betont, würde das Gesetz, unser Versagen, es zu befolgen, die Konsequenzen für unsere Sünde, das bevorstehende Gericht und Jesu vollkommenes Opfer beschreiben. Die Erlösung ändert unsere rechtliche Stellung sofort, denn wir werden gerechtfertigt - für gerecht erklärt. Die Erfüllung des Gesetzes durch Christus und die Zahlung der Strafe für unsere Sünde ist die Grundlage für unsere Rechtfertigung und Erlösung. Wir empfangen die Gerechtigkeit Christi, und Christus trägt die Last unserer Sünde. Der Vater spricht die Sünder von ihrer Schuld frei, weil er mit dem Werk seines Sohnes am Kreuz zufrieden ist.

Eine Darstellung des Evangeliums, die die Scham hervorhebt, würde uns helfen, unsere Beziehung zu Gott im Garten zu verstehen und wie die Sünde diese perfekte Beziehung zerstört hat. Adam und Eva erfuhren Scham und waren sich ihrer

Nacktheit aufgrund ihrer Sünde sofort bewusst. Sie waren als Geschöpfe, die ihrem Schöpfer nicht gehorcht hatten, körperlich und geistig entblößt. Wenn wir uns dem Willen Gottes widersetzen, bringen wir ihn durch unsere Rebellion in Verruf und haben keine Achtung vor ihm. Unsere Sünde hat Satan die Möglichkeit gegeben, sich zu rühmen und den Namen Gottes zu verleumden.

Ein Gespräch über das Evangelium, das sich auf die Schande konzentriert, würde außerdem die Wiederherstellung dieser Verbindung erörtern und die Liebe, Gnade und Vergebung des Vaters betonen. Indem er Jesus sandte, hat der Vater alles Notwendige getan, um seinem Namen Ehre zu machen (Umkehrung der Schande) und uns vollständig in seine Reichsfamilie zu integrieren. Diese Adoption geschieht als Söhne und Töchter, nicht als Knechte oder versklavte Menschen. Diese Themen des Zusammenbruchs und der Heilung von Beziehungen treffen häufig auf Menschen zu, die in schamgeprägten Kulturen weltweit leben.

Da sie bedeutende Folgen der Sünde und des Sündenfalls veranschaulichen, sollten sowohl Schuld als auch Scham in der vollständigen Darstellung des Evangeliums angesprochen werden. Westliche Christen sollten sich bewusst sein, dass unsere Tendenz, die Schuld der Sünde zu betonen, von der Betonung des Individualismus in unserer Kultur herrührt. Bei der Kontextualisierung des Evangeliums - insbesondere in kulturübergreifenden Situationen - ist es klug, die Weltanschauung der Menschen zu verstehen und die Präsentation des Evangeliums auf die kulturellen Belange und wahrgenommenen Bedürfnisse abzustimmen. Eine glaubwürdige Präsentation würde die in der Heiligen Schrift angesprochenen Themen ansprechen, die in der betreffenden Gesellschaft ein blinder Fleck sein können.

Sowohl Schuld als auch Scham sind notwendige Komponenten, um das menschliche Bedürfnis nach Erlösung zu verstehen, und können nicht auf Kosten des anderen hervorgehoben werden. Schuld erinnert uns an unser Bedürfnis nach Erlösung, während Scham uns an unser Bedürfnis nach Versöhnung erinnert. Am Kreuz werden sowohl Erlösung als auch Versöhnung gewährt!

DIE GABE DES SCHULDGEFÜHLS

Die östliche Philosophie als Hilfe bei der Beseitigung von Schuldgefühlen nutzen

„Es wäre schwierig zu behaupten, dass Schuld eine egoistische Lähmung ist, die keine Grundlage oder kein Ergebnis hat. Es wäre aber ebenso schwierig, das Gegenteil zu behaupten. Während ich über diesen Abschnitt nachdenke, werde ich von östlicher Weisheit motiviert, zu beschreiben, wie wir unsere Scham erkennen und überwinden können."

Schuldgefühle bieten keine Lösungen und halten uns in unseren derzeitigen Identitäten fest. Das bedeutet nicht, dass wir uns schlecht fühlen sollten, weil wir uns schuldig fühlen, aber es ist auch sinnlos, Schuldgefühle zu bekämpfen, wenn sie auftauchen - einen Konflikt durch einen anderen zu ersetzen ist eine selbstzerstörerische Routine. Was sollen wir also tun?

Schuldgefühle sind eine Lähmung des Egos.
Ich habe mich schuldig gefühlt, als ich nicht wusste, wie ich etwas anderes fühlen sollte. Ich wusste nicht, was ich noch

für mich selbst tun sollte, und obwohl das mein Problem ist, war ich auch nicht in der Lage, anderen in größter Not zu helfen. Ich kam zu dem Schluss, dass Scham nur eine innere Projektion von sich selbst ist, aber sie ist alles andere als eine einfache Lösung für ein Problem - sie ist ein lähmendes, egoistisches Gefühl. Sie hindert uns am Weiterkommen, bis wir ihre Sinnlosigkeit erkennen, was erst nach der Entwicklung anderer Eigenschaften geschieht.

Bevor wir diesen Prozess der Schuldauflösung beginnen, müssen wir die Quelle dieser Emotion verstehen. Er beginnt mit der Distanzierung und unserer Fähigkeit, Schuld zu identifizieren, indem wir ihr ein Etikett zuweisen - zum Beispiel, indem wir gedanklich „Schuld" auf ein Blatt Papier schreiben - ein Mittel, um uns selbst gegenüber ehrlich zu sein.

Emotionen abbauen

Wenn Schuldgefühle auftauchen und sich festsetzen, gibt es viele Gründe dafür. Zum Beispiel kann ein Außenstehender in der Vergangenheit oder in der Gegenwart eine Saat von Schuldgefühlen in unseren Geist gesät haben. Das ist sehr wahrscheinlich, aber wir sind dafür verantwortlich, dass er wachsen konnte. Und wenn wir mit der Quelle unserer Schuld konfrontiert werden, ist die daraus resultierende Unbeweglichkeit leicht zu erkennen: Unser Selbstbild wird abgewertet, wenn nicht gar verteufelt, wenn wir uns bemühen, ein Gefühl der Gerechtigkeit zu erlangen. Oder auch wenn wir uns in dem Wunsch, diese Scham zu erleben, gerecht fühlen. Es ist ein Teufelskreis: Man denkt nur an die eigenen Interessen, fühlt sich aber schlecht, weil man andere verletzt hat.

Die Antithese zur Verantwortung

Vor neun Monaten benahm ich mich gegenüber einer mir nahestehenden Person daneben und wurde so wütend wie nie zuvor. Die nächsten drei Monate verbrachte ich damit, mich schuldig zu fühlen, was mich daran hinderte, Schlussfolgerungen zu ziehen und das Geschehene richtig zu verstehen. Wie alle negativen Gedanken verdunkeln auch Schuldgefühle das Gesicht und beeinträchtigen die Fähigkeit, eine Situation objektiv zu betrachten. Warum halten wir uns also für unsere Richter?

Es ist, wie die Scham, ein egoistischer Prozess. Scham und Schuld sind häufig miteinander verbunden und haben vergleichbare Folgen: Verschlechterung des Selbstbildes, Besessenheit von sich selbst und Vernachlässigung der Menschen, die wir verletzt haben. Schuldgefühle sind so exzessiv, dass die Tibeter dafür keine Worte haben. Sie ist nur das Ergebnis von zu viel Scham, die mit unserem eigenen Verhalten in der Vergangenheit verbunden ist, das von anderen als unerwünscht angesehen wurde. Sobald dieses Stigma verinnerlicht ist, nimmt es die Form von Schuld an. Schuld ist letztlich das Gegenteil von Verantwortlichkeit und repräsentiert eine dualistische Weltsicht, was sie zu einem Irrtum macht, einfach weil es keinen globalen Richter gibt, der erklärt, dass die dualistische Weltsicht pragmatisch ist, usw.

Schuld ist lediglich ein Symptom.

Sie ist eine einfache, aber notwendige Erinnerung daran, dass Scham das Ergebnis der Angst ist, den Erwartungen nicht gerecht zu werden oder die von uns selbst auferlegten Anforderungen an den Verhaltenserfolg nicht zu erfüllen. Folglich müssen wir loslassen. Um Schuldgefühle zu beseitigen, müssen wir sie durch moralische Verantwortung ersetzen, einschließlich der Weigerung, Verantwortung zu übernehmen. Verantwortung ermöglicht es uns jedoch, etwas über uns selbst zu lernen, uns zu verbessern und zu vermeiden, dass unsere Emotionen in unserem Gehirn erscheinen.

Die Praxis des Mitgefühls

Ob verbal, mental oder physisch, unsere Handlungen können einen schädlichen Einfluss auf andere haben und dadurch unsere Schuld verursachen. Verantwortung ermöglicht es uns, darüber nachzudenken, wie wir uns zum Wohle anderer verbessern können. Im Buddhismus bietet die Praxis des Mett-Bhavana, der Meditation der universellen Liebe, eine Technik, um Schuldgefühle konstruktiv für sich selbst und andere zu überwinden. Sie beginnt mit unserer Fähigkeit, uns mit uns selbst anzufreunden. Laut Buddha kannst du nach jemandem suchen, der mehr Liebe und Zuneigung verdient als du, aber du wirst ihn nie finden. Du hast diese Liebe und Zuneigung gleichermaßen verdient.

Um von Schuldgefühlen befreit zu werden, müssen diese positiv wahrgenommen werden.

Die Fähigkeit, Mitgefühl für sich selbst zu entwickeln, und die Erkenntnis, dass du, wie andere Menschen auch, aufgrund von Unwissenheit keine vollständige Kontrolle über die Auswirkungen all deiner Handlungen hast, führt zu dem Bewusstsein, dass du nicht schlechter bist als andere. So können wir Scham als eine Manifestation unseres Wunsches betrachten, uns zu verbessern und Dinge zu ändern, die wir nicht wollen. Ich habe zum Beispiel entdeckt, dass ich den missbilligenden Blicken bestimmter geliebter Menschen erlaubte, in meinen Gedanken zu verweilen und meinen Fortschritt zu behindern.

Wenn wir die Schuldgefühle verstehen, werden sie zu einem hilfreichen Indikator für unsere Entscheidungen, frei und glücklich zu sein - das Einzige, was wir verdient haben.

DIE WIRKUNG VON SCHULD AUF BEZIEHUNGEN

Zu meiner Überraschung wies mich der Verkäufer auf das Tiger-Woods-Cover hin, als ich im Supermarkt gerade ein Käse- Sandwich und die Zeitung bezahlen wollte. Geht es ihm wirklich schlecht, oder versucht er, bei seiner Frau und anderen Mitleid zu erregen?

„Ich bin mir nicht sicher", antwortete ich, unsicher, ob es an der Zeit war, zu einem anderen Feinkostladen weiterzugehen. Es ist schwierig, wenn es um Schuld und Verbindungen geht. Ich glaube nicht, dass es einfach ist.

Offenbar haben sich zahlreiche Menschen dieselbe Frage gestellt und Daten dazu gesammelt. Als HCD Research die Bewertungen von Tigers Entschuldigungen auswertete, stellten sie fest, dass Männer und Frauen seine Aufrichtigkeit ähnlich bewerteten: 61 % der Frauen und 58 % der Männer glaubten, dass er ehrlich war. Abgesehen davon, was mit Tiger Woods passiert, wirft dies viele Fragen zum Thema Schuld in Beziehungen auf: Was genau ist Schuld? Warum empfinden Menschen dies? Was beinhaltet eine Entschuldigung?

Jeder, der sich schon einmal schuldig gefühlt hat, weil er gegen eine moralische Norm verstoßen hat, und die Verantwortung dafür übernommen hat, wird verstehen, was es bedeutet, sich so zu fühlen. In Bezug auf Schuldgefühle gibt es mehrere Theorien, die in Betracht gezogen werden können. Im frühen Freud'schen Denken wurde Schuld beispielsweise mit sexuellen Impulsen oder moralischen Verboten gegen sexuelle Begierden in Verbindung gebracht. Von diesem Standpunkt aus betrachtet, bedeutet Schuld eine innere Selbstverurteilung.

Eine zwischenmenschliche Sichtweise

Eine einzigartige und wesentliche Sichtweise zum Verständnis von Schuld in Beziehungen bietet der 1994 von Roy Braumeister, Arlene Stillwell und Todd Heatherton veröffentlichte Aufsatz Schuld: Ein interpersoneller Ansatz", der in der Zeitschrift Psychological Bulletin veröffentlicht wurde. Sie definieren Scham als das Unbehagen, das wir empfinden, wenn wir einer anderen Person durch einen Verstoß oder eine Ungerechtigkeit Schaden zufügen. Sie stellen fest, dass sich Schuldgefühle zwar gegen jeden richten können, dass sie aber in engen persönlichen Beziehungen, die durch die Erwartung gegenseitiger Fürsorge, Vertrauen und Liebe geprägt sind, am stärksten sind. In einer persönlichen Beziehung führen beispielsweise Lügen, die Verweigerung von Hilfe, die Missachtung der Bitten des anderen oder der Nachweis einer Affäre wahrscheinlich zu größeren Ängsten und Schuldgefühlen.

Im zwischenmenschlichen Bereich werden Schuldgefühle durch zwei Faktoren ausgelöst: Mitgefühl für das Leiden des Partners und Angst, dass die Übertretung zu Ablehnung oder zum Ende der Beziehung führen könnte. Häufig ist die Entschuldigung der Versuch und die erwartete Dynamik der Wiedergutmachung.

Da Paare jedoch in einer einzigartigen und komplizierten Welt leben, werden Schuldgefühle unterschiedlich erlebt und ausgedrückt. Eine Entschuldigung kann eine Vielzahl von Formen mit unterschiedlichen Auswirkungen annehmen.

Beachte die folgenden Punkte:

Selbstverschuldete Schuld

Sie treten häufig in Beziehungen auf, wenn die Partner wissen, dass das, was sie tun oder nicht tun, den anderen negativ beeinflusst. Dies löst Schuldgefühle aus und führt zu einer Änderung der Gewohnheiten oder des Verhaltens. Hier ein paar Beispiele:

Er beobachtet den müden Gesichtsausdruck seiner Frau und erkennt, dass sie in neun von zehn Fällen diejenige war, die mit dem Baby aufgewacht ist, und schlägt vor, dass sie die Nachtschichten tauschen.

Oder

Sie erkennt, dass er sichtlich besorgt ist, seine Mutter im Pflegeheim zu besuchen, und weiß, dass sie ihm durch ihre Weigerung, ihn zu begleiten, die dringend benötigte Unterstützung vorenthalten würde.

Unter diesen Umständen werden zusätzliche Gespräche und ein Schuldbekenntnis häufig verweigert oder für unnötig gehalten.

Induzierte Schuld

Schuldgefühle können bei Partnern durch die Selbstdarstellung der Bedürfnisse des Partners oder durch bewusste Manipulation hervorgerufen werden.

Selbstdarstellung

Die Bekanntgabe von Bedürfnissen ist ein notwendiger Bestandteil einer produktiven Kommunikation zwischen Partnern. Auch wenn es notwendig ist, einem Partner zu erklären, dass er (absichtlich oder unabsichtlich) Leid verursacht, wird die Botschaft wahrscheinlich ein gewisses Maß an Reue hervorrufen. Aufgrund des unangenehmen Charakters von Schuldgefühlen reagieren viele Ehepartner zunächst mit einer reflexartigen Reaktion. Sie ziehen sich in Schweigen zurück, ignorieren die Gefühle der anderen Person oder verhalten sich auf irgendeine Weise defensiv. Sie sagt zum Beispiel: Ich verstehe, dass du dich gerne mit unseren Freunden triffst, aber die Art und Weise, wie du anderen Frauen vor mir schmeichelst, gibt mir das Gefühl, gedemütigt zu werden.

Er antwortet:
Muss ich jetzt jedes Wort kontrollieren, das ich sage?

Wenn du in diese Phase des Gesprächs kommst, hoffst du, dass deine Partner die Ausdauer haben, das Gespräch über die ersten beiden Zeilen hinaus fortzusetzen und einen besseren Standpunkt zu finden. Hoffentlich bleibt sie lange genug dran, um gehört zu werden, und er ist aufnahmefähig.

Sie sagt:
Ich finde es toll, wie aufgeschlossen du bist. Ich versuche, ihm zu vermitteln, dass es schwierig ist, sich einzigartig und begehrenswert zu fühlen, wenn du ständig andere Frauen vor mir bewunderst.

Er antwortet schweigend und verlässt den Raum. Er kehrt zurück.

Es tut mir leid. Ich verstehe das.

Schuldgefühle, die sich aus dem Bedürfnis deines Partners ergeben, können zwar eine Herausforderung sein, aber sie können auch zur Selbstreflexion dienen und die gegenseitige Kommunikation und die Paarbeziehung fördern.

Manipulation um ihnen Schuldgefühle einzureden.
Einem Ehepartner Schuldgefühle einzureden, um ein bestimmtes Verhalten hervorzurufen, die Macht zu erhalten oder den Partner zu bestrafen, ist eine toxische Ehedynamik. Sie beinhaltet häufig die folgenden Sätze:

Du musst mehr Zeit mit den Kindern verbringen; sie spüren deinen Mangel an Zuneigung.

Ich kümmere mich um alles für dich, und du kümmerst dich um nichts für mich.

Ich werde nie vergessen, was du uns angetan hast, als du das Geschäftsgeld verloren hast.

Manche Partner werden wütend auf die eingeflößten Schuldgefühle reagieren. Andere werden in Groll verfallen, auch wenn sie nicht verantwortlich sind. Bestimmte Personen werden die wiederholte Erinnerung an ihre Verfehlung in einer Weise verinnerlichen, die ihr Selbstwertgefühl untergräbt.

In jedem Fall ist die absichtliche Erzeugung von Schuldgefühlen schädlich für eine Beziehung. Es beraubt ein Paar der Möglichkeit, Schuldgefühle ehrlich zu erleben und sie als Signal der Besorgnis und als Katalysator für Veränderungen zu nutzen.

WIRD DEIN LEBEN VON SCHULDGEFÜHLEN BEHERRSCHT?

Verfolgt dich dein schlechtes Gewissen und du fragst dich, wie du mehr für deinen Partner, deine Kinder, deine Gemeinschaft oder deine Karriere hättest tun können? Woher kommen solche lähmenden Schuldgefühle? Welchen Tribut fordert es von dir? Und, was vielleicht am wichtigsten ist, wie kannst du sie loswerden? Lies weiter, um mehr zu erfahren. Fühlst du dich nicht schlecht, wenn du dir Zeit für dich selbst nimmst?

Die Bandbreite der Schuldgefühle, die der Einzelne empfindet, ist groß. „Manchen Menschen fehlt das gute Gewissen, das sie auf dem richtigen Weg hält. Andere leiden unter lähmenden Gewissensbissen, die sich in ihre Seele fressen; sie haben nur selten Momente der Ruhe", so Dr. Michael McKee, stellvertretender Vorsitzender der Abteilung für Psychiatrie und Psychologie der Cleveland Klinik.

Warum lassen manche Menschen zu, dass sie von Gewissensbissen gequält werden? Nach Ansicht von Experten ist die Persönlichkeit zu einem Teil fehlerhaft.

„Schüchterne, unsichere Menschen leiden möglicherweise unter übermäßigen Schuldgefühlen und zweifeln ständig an sich selbst und ihrem Verhalten", erklärt Patricia Farrell, PhD, klinische Psychologin und Autorin von Wie werde ich mein Therapeut: Eine schrittweise Anleitung zur Entwicklung eines kompetenten, selbstbewussten Lebens.

„Menschen, die an einer zwanghaften Persönlichkeitsstörung leiden oder diese Persönlichkeitsmerkmale aufweisen, neigen auch zu übermäßigem Grübeln über ihre Verhaltensweisen, was ihren Schuldquotienten erhöht", sagt sie.

Die sozialen Faktoren, die zu Schuldgefühlen beitragen

Nicht nur die Persönlichkeit eines Menschen kann ihn für Schuldgefühle prädisponieren, auch soziale Normen spielen eine Rolle.

Sowohl Männer als auch Frauen erhalten starke Signale über „geschlechtsspezifische" Erwartungen, die, wenn sie nicht erfüllt werden, zu Schuldgefühlen führen können.

„Frauen entwickeln ihr Selbstwertgefühl als Ergebnis ihrer Beziehungen", erklärt Mary Ann Bauman, MD, Direktorin für Frauengesundheit bei INTEGRIS, einem gemeinnützigen Gesundheitssystem in Oklahoma.

Männer und ihre Schuldgefühle
Männer hingegen werden mit anderen Erwartungen erzogen. „Männer entwickeln ihr Selbstwertgefühl als Ergebnis ihrer Leistungen", erklärt Bauman. Ein Mann, der sich nicht zu dem Sportler oder Gelehrten entwickelt, den er oder seine Eltern erwartet haben, wird daher häufig von Schuldgefühlen geplagt. Das Bedürfnis eines Kindes, von seinen Eltern akzeptiert zu werden, ist sehr ausgeprägt.

„Ich habe Patienten, die studieren und X, Y oder Z studieren wollen, aber mir sagen: ‚Mein Vater ist Arzt und möchte, dass ich in seine Fußstapfen trete'", sagt Kiki Weingarten, Geschäftsführerin von DailyLifeConsulting.com.

Elternschaft schafft auch Möglichkeiten für Schuldgefühle. „Das gilt nicht nur für berufstätige Eltern, sondern für alle Eltern. Sie haben vielleicht das Gefühl, dass sie mehr tun sollten. Sie schauen ihren Nachbarn über die Schulter und glauben, dass sie mehr leisten. „Naomi Drew ist Erziehungsexpertin und Autorin in New Jersey.

Selbst wenn wir uns unseren goldenen Jahren nähern, kann die Neigung zu Schuldgefühlen anhalten.

Nehmen wir den Fall von Eltern, die in eine Pflegeeinrichtung gehen. „Sie haben häufig ein schlechtes Gewissen wegen der Kosten, weil sie wissen, dass sie alles verkaufen müssen, um das Pflegeheim zu bezahlen, anstatt es an ihre Kinder weiterzugeben", sagt Dr. Barbara Ensor, Psychologin bei Stella Maris, einer Langzeitpflegeeinrichtung in Baltimore.

Auch die Kinder dieser Eltern empfinden häufig Scham. „Viele Familienmitglieder fühlen sich schlecht, weil sie ihre Mutter in einem Pflegeheim unterbringen mussten und nicht in der Lage waren, sich um sie zu kümmern", erklärt Ensor.

Negative Folgen von Schuldgefühlen
Das überwältigende Gefühl von Schuld ist sowohl für unsere geistige als auch für unsere körperliche Gesundheit schädlich.

„Wenn du dich schuldig fühlst, bist du gestresst. Wenn dein Körper stressbedingte Hormone produziert, setzt du dich einem Risiko für leichte Beschwerden wie Kopf- und Rückenschmerzen aus", erklärt McKee gegenüber WebMD. Das ist aber noch nicht alles. „Außerdem tragen sie [Schuldgefühle] zu Herz-Kreislauf-Erkrankungen und Verdauungsproblemen bei. Mit der Zeit kann es sich sogar negativ auf das Immunsystem auswirken", so McKee.

Übermäßige Schuldgefühle zulassen

Wenn du dich als Erwachsener schuldig fühlst, ist die Wahrscheinlichkeit groß, dass die negativen Gefühle schon in der Kindheit entstanden sind. Es kann einige Zeit dauern, bis du all die erdrückenden Schichten davon entwirren kannst. Aber es ist möglich.

Übe Nein zu sagen. „Wie bei jeder Veränderung wird es Unbehagen geben», sagt Weingarten. Aber es ist möglich und notwendig, vor allem, wenn man sich ständig an die letzte Stelle setzt.

Was aber, wenn es dir schwerfällt, Nein zu sagen? „Frage dich, warum du Angst hast, Nein zu sagen", rät Weingarten. „Es kann sein, dass du dir Sorgen machst, nicht gemocht zu werden. Dass andere hinter deinem Rücken über dich lästern werden?" Das sollte dir helfen, deine Sorgen in einen Kontext zu stellen.

Denke daran, auf dich selbst aufzupassen. „Überlege dir Folgendes: ‚Was ist ausreichend? Wie kann ich all diese Aufgaben bewältigen, ohne zusammenzubrechen?' Denn wenn du zusammenbrichst, schadest du allen. „ Du musst unbedingt auf dich selbst aufpassen.

Auf Erfolg aufbauen

Beginne mit kleinen Änderungen deiner Gewohnheiten. Wenn du zum ersten Mal „Nein" sagst, wirst du einige Unsicherheiten haben. Es wird leichter, wenn du ein Portfolio von Erfolgen anhäufst.

Deine Erwartungen sollten neu bewertet werden. „Beurteile deine Erfolge, oder das Fehlen von Erfolgen, und stelle fest, ob sie die richtigen für dich sind", empfiehlt Bauman. „Manchmal werden wir dazu gebracht, uns auf bestimmte Weise zu verhalten, weil es für unsere Eltern das Richtige war. Die

Umstände deiner Eltern sind jedoch nicht deine eigenen. „Sie dienen als Erinnerung."

Identifiziere die Quelle dieser schuldigen Stimme. „Wenn sie von deiner Mutter oder deinem Vater kommt, bitte ich dich, sie loszulassen.

„Reduziere deine Erwartungen", rät Natalie Gahrmann, Lebensberaterin und Gründerin von N-R-G Coaching Associates. Wenn du zum Beispiel versuchst, pünktlich zu einer Besprechung zu erscheinen, und dich schrecklich fühlst, wenn du ein paar Minuten zu spät kommst, dann überlege dir die Alternative: Du fährst zu schnell und bekommst einen Strafzettel oder du verursachst einen Unfall. Eine Verspätung von ein paar Minuten ist nicht unentschuldbar.

Hör auf, dich für deine Fehler zu schämen - betrachte Fehler als Lernchance und nicht als Beweis dafür, dass du ein schlechter, fauler Mensch bist.

WARUM SIND SCHAM UND SCHULDGEFÜHLE WICHTIG FÜR DIE PSYCHISCHE GESUNDHEIT?

Scham und Schuld sind zwei selbstbewusste Gefühle, die fast jeder kennt.

Dabei handelt es sich in der Regel um negative Gefühle, die dazu führen, dass man sich schrecklich fühlt und unerwünschte Auswirkungen hat. Scham und Schuld sind wichtige emotionale Komponenten eines prosozialen Lebensstils.

In diesem Abschnitt werden verschiedene psychologische Ideen zu Emotionen, inneren und äußeren Scham- und

Schuldgefühlen und schließlich Strategien zur Überwindung von Schuld und Scham untersucht, um schädliche Selbsteinschätzungen zu vermeiden. Zu Beginn ist es wichtig, zwischen Scham und Schuld zu unterscheiden, zwei selbstbewussten Emotionen, die zwar vergleichbar sind, sich aber deutlich voneinander unterscheiden.

Bevor du fortfährst, möchten wir dir einen kostenlosen Zugang zu unseren drei Übungen zum Selbstmitgefühl ermöglichen. Diese präzisen, wissenschaftlich fundierten Übungen werden dir nicht nur helfen, dein eigenes Mitgefühl und deine Freundlichkeit zu entwickeln. Sie werden dich auch in die Lage versetzen, deinen Klienten, Studenten oder Mitarbeitern zu helfen, mehr Mitgefühl zu zeigen.

Verteidigung gegen Missverständnisse: Scham vs. Schuldgefühle

Die folgenden Merkmale kennzeichnen sowohl Schuld als auch Scham:

„Negative affektive Zustände, die als Reaktion auf eine Übertretung oder Schwäche auftreten; beide sind selbstbewusste Emotionen, die Selbstreflexion erfordern, um sich zu manifestieren.

Dies erklärt, warum sie häufig verwechselt werden, ein Problem, das durch die Tatsache verschärft wird, dass man gleichzeitig Scham und Schuld empfinden kann. Ein wirksamer und weithin anerkannter Rahmen trennt die beiden, indem er besagt, dass „Scham sich auf das Selbst bezieht", während „Schuld sich auf die reale Welt bezieht - auf Handlungen oder Unterlassungen, Ereignisse, für die man die Verantwortung trägt".

Jemand, der sich schuldig fühlt, bedauert ein bestimmtes Verhalten, während jemand, der sich schämt, einen Teil seiner Persönlichkeit bedauert. Dies wird gelegentlich als „Selbst-Verhaltens-Unterschied" bezeichnet. Diesem Argument zufolge ist es viel einfacher, Schuldgefühle zu verringern als Scham zu lindern, weil es viel einfacher ist, für schlechtes Verhalten zu büßen, als sich radikal zu ändern.

Eine Untersuchung der Gehirnkorrelate von Schuld- und Schamgefühlen (sowie von Schamgefühlen) ergab, dass die neurologischen Grundlagen von Schuld- und Schamgefühlen zwar ähnlich, aber dennoch unterschiedlich sind, was zeigt, dass die beiden Emotionen zwar einige Gemeinsamkeiten aufweisen, aber im Wesentlichen unterschiedlich sind.

Dieser Aufsatz wird sich im Allgemeinen an Lewis' (1971) Konzept von Scham und Schuld orientieren. Wenn sich jemand aufgrund von Misshandlungen als Person schlecht fühlt, leidet er unter Scham. Wenn sich hingegen jemand wegen seines Verhaltens schlecht fühlt, leidet er unter Schuldgefühlen. Obwohl dieser Rahmen weithin anerkannt ist, lohnt es sich, auch andere Perspektiven auf die beiden Gefühle zu betrachten.

Verhaltenspsychologie und weitere Theorien über Schuld und Scham

In früheren Konzeptualisierungen von Scham und Schuld wurde behauptet, dass Scham eine öffentliche Erfahrung ist (ausgelöst durch die Reaktionen anderer), während Schuld ein privates Gefühl ist (verursacht durch einen inneren Konflikt über Moral).

Dieses Modell wird jedoch von zeitgenössischen Philosophen nicht mehr häufig vertreten, da es Hinweise darauf gibt, dass sowohl Scham als auch Schuld in vergleichbarem Maße in der Öffentlichkeit und im Privaten erlebt werden.

In der Tat widerspricht der Rahmen von Lewis (1971) der Vorstellung, dass Scham öffentlich und Schuld privat ist, da Lewis behauptet, dass Scham nach innen auf das Selbst gerichtet ist, während Schuld nach außen auf das eigene Verhalten oder die eigenen Handlungen gerichtet ist.

Diese „selbstbeschuldigenden" Emotionen sind für die Entwicklung zwischenmenschlicher Beziehungen von entscheidender Bedeutung, da sie nach bestimmten Definitionen von Scham und Schuld ein Gleichgewicht zwischen den Trieben des Einzelnen und den Rechten und Bedürfnissen der anderen fördern.

Auch wenn die Bedeutung von Scham und Schuld anerkannt wird, ist dies ein wichtiger Punkt, der zum Ausdruck gebracht werden muss. Wenn ein echtes Unrecht begangen wird, sind Gefühle der Scham und Reue der erste Schritt zur Wiedergutmachung des Schadens.

Einigen zeitgenössischen Kritikern zufolge gibt es zwei verschiedene Arten von Schuld: „maladaptive, neurotische Schuld" und „adaptive, prosoziale Schuld". Diese Forscher behaupten, dass die Art der analysierten Schuld von der verwendeten Messmethode abhängt und dass zukünftige Studien zwischen diesen beiden Arten von Schuld unterscheiden sollten.

Die Forscher unterschieden Schuldgefühle in „Checklisten-Schuldgefühle", die durch die Befragung von Personen über frühere Erfahrungen mit Schuldgefühlen quantifiziert werden, und „Szenario-Schuldgefühle", die durch die Befragung von

Personen über hypothetische Schuldgefühle, denen sie in zukünftigen Szenarien begegnen könnten, quantifiziert werden.

Diese Divergenz kann auch dazu beitragen, zu erklären, warum Scham weithin als schädlich akzeptiert wird, obwohl Schuld nicht endgültig als adaptiv oder maladaptiv nachgewiesen wurde. Nach den Überlegungen dieser Forschung (die, wie die Autoren zugeben, noch weiterer Untersuchungen bedürfen) sind adaptive Schuldgefühle darauf ausgerichtet, in Zukunft das Richtige zu tun. Im Gegensatz dazu sind maladaptive Schuldgefühle Gewissensbisse, die auf die Vergangenheit gerichtet sind.

Schließlich sind Scham und Schuld soziale Gefühle, die Menschen davon abhalten sollen, nur in ihrem eigenen Interesse zu handeln. Wie wir sehen werden, ist Scham ein vorwiegend maladaptives Gefühl, während Schuld ein vorwiegend adaptives Gefühl ist. Diese Divergenz zeigt sich sowohl in den inneren als auch in den äußeren Gefühlsäußerungen.

Schuld und Scham: Eine psychologische Erfahrung

Eine Studie untersuchte die psychologischen Prozesse, die dazu führten, dass Schuld als prosoziales Gefühl eingestuft wurde. Die Forscher fanden heraus, dass Menschen, die sich schuldig fühlen, „Wiedergutmachungsreizen" wie den Begriffen „helfen", „entschuldigen" und „reparieren" mehr Aufmerksamkeit schenken als anderen Reizen.

Die Forscher fanden insbesondere heraus, dass Schuldgefühle die positiven Gefühle gegenüber diesen Reparationsreizen verstärken und sie attraktiver machen.

Mit anderen Worten: Die Studie fand heraus, dass Scham die Menschen dazu motiviert, prosozialen, wiedergutmachenden

Gedanken mehr Aufmerksamkeit zu schenken und sich dabei besser zu fühlen.

Eine andere Studie untersuchte die prosoziale Funktion von Schuldgefühlen bei moralischen Vergleichen. Die Forscher fanden heraus, dass die Teilnehmer sich schrecklich fühlten, wenn sie aufgefordert wurden, sich an Situationen in ihrem Alltag zu erinnern, in denen jemand moralischer war als sie (z. B. wenn jemand seinen Sitzplatz im Bus für einen älteren Erwachsenen räumte, was die Teilnehmer nicht taten).

Sie fanden jedoch heraus, dass diese Reue eine prosoziale Wirkung hatte und die Teilnehmer dazu ermutigte, in Zukunft moralischer zu handeln. Diese Studien belegen die prosoziale Funktion selbstbewusster Emotionen wie Schuld im Alltag der Menschen und die psychologischen Mechanismen, die dazu beitragen, dass Schuld eine prosoziale Emotion ist.

Eine Meta-Analyse der Literatur über Scham hat ergeben, dass die vorherrschende Sichtweise (dass Scham immer unsozial ist und zu Vermeidung führt) nicht zufriedenstellend ist. Die Metaanalyse ergab, dass Scham unter bestimmten Umständen, in denen der Schaden irreversibel zu sein scheint, tatsächlich zu Vermeidungs- und antisozialem Verhalten führt. Wenn der Schaden reversibel ist, kann Scham hingegen zu den gleichen prosozialen und konstruktiven Aktivitäten motivieren wie Schuld.

Mit anderen Worten: In weniger katastrophalen Situationen, in denen der Schaden behoben werden kann, führen Schuld und Scham dazu, dass sich eine Person schrecklich fühlt. Im Gegenzug drängen sie sie dazu, das Problem zu beheben, um sich besser zu fühlen.

In schwerwiegenderen Fällen, in denen der Schaden irreversibel zu sein scheint, verursachen Schuld- und Schamgefühle zwar beide schreckliche Gefühle, aber nur Schuldgefühle ermutigen die Person, den Schaden (oder so viel davon wie möglich) zu reparieren. Im Gegensatz dazu motiviert die Scham die Person, den Schaden zu vermeiden. Dies bedeutet, dass Scham in einigen, aber nicht in allen Kontexten ebenso prosozial ist wie Schuld,

Schuld und Demütigung sind häufige Reaktionen darauf, etwas falsch gemacht zu haben. Ein wesentlicher Unterschied zwischen den beiden besteht darin, dass Scham ein schlechtes Gewissen hervorruft, während Schuldgefühle dazu führen, dass man sich moralisch besser verhält, weil man sich selbst besser fühlen möchte (auch wenn Schande unter bestimmten Umständen ebenfalls dazu führen kann, dass man sich aufrechter verhält).

Scham und Schuldgefühle werden nicht nur mental unterschiedlich erlebt, sondern zeigen sich auch in unterschiedlichem Verhalten.

Der Funktionalismus der selbstbewussten Emotionen

Eine Studie untersuchte die Reaktionen von Menschen auf Schuld, Demütigung und Wut und kam zu einigen überraschenden Ergebnissen.

Sie entdeckten, dass Personen, die Scham empfinden, eher den Blickkontakt vermeiden als Personen, die Schuld empfinden. Außerdem wurde festgestellt, dass Personen, die sich schuldig fühlen, eher dazu neigen, den Schaden, den sie verursacht haben, wieder gutmachen zu wollen, als Personen, die sich schämen. Zusammenfassend haben die Forscher Folgendes festgestellt:

„Scham ist definiert durch den Wunsch, etwas zu verbergen und zu fliehen, während Schuld durch den Wunsch nach Wiedergutmachung definiert ist."

Dieses Ergebnis wurde bereits bei Kindern im Alter von zwei Jahren beobachtet. In einer Studie wurden Kinder davon überzeugt, dass sie das Spielzeug eines Erwachsenen kaputt gemacht hatten, und es wurde untersucht, ob das Kind Scham oder Reue empfand.

Die Forscher fanden heraus, dass Kinder, die sich schämten, sich asozial verhielten, indem sie den Blicken der Erwachsenen auswichen oder das Spielzeug versteckten. Kinder, die Reue empfanden, verhielten sich dagegen prosaisch, indem sie den Erwachsenen rasch über ihr Verhalten informierten und versuchten, den Gegenstand so gut wie möglich zu reparieren.

Dies zeigt, dass Schuld und Scham bei Kleinkindern und Erwachsenen ähnlich wirken. Die Autoren behaupten auch:

„Schuld kann sogar eine mechanische Funktion bei der Entwicklung von prosozialem Verhalten haben, indem sie sich als wichtiger Teil des kindlichen Gewissens etabliert".

Eine andere Studie untersuchte das Self-Handicapping von Sportlern, bei dem eine Person ihre Vorbereitung auf eine angespannte Leistung sabotiert, um die Schuld für die Leistung auf die Vorbereitung zu schieben.

Jemand, der sich zum Beispiel Sorgen um eine Prüfung macht, die er ablegen muss, vermeidet es vielleicht, sich auf die Prüfung vorzubereiten, weil er meint, dass eine schlechte Note daran liegt, dass er nicht gelernt hat.

Die Studie zum Selbsthandicap hat ergeben, dass Sportler, die eher zu Schamgefühlen neigen, eher zu Selbsthandicaps neigen. Im Gegensatz dazu neigen diejenigen, die eher zu Schuldgefühlen neigen, weniger zur Selbstüberschätzung.

Eine andere Studie untersuchte den Zusammenhang zwischen Schuld, Scham und Alkoholkonsum. Die Autoren fanden heraus, dass Personen, die zu Schamgefühlen neigen, größere Schwierigkeiten haben, ihren Alkoholkonsum zu kontrollieren, was zu einem erhöhten Konsum führt. Im Gegensatz dazu hatten Personen, die zu Schuldgefühlen neigten, ihren Alkoholkonsum besser unter Kontrolle, was zu einem geringeren Konsum führte. Man kann es auch so ausdrücken, dass Scham die Menschen motiviert, sich zu verstecken und zu fliehen.

Im Großen und Ganzen manifestiert sich Schuld durch reparationsorientierte Aktivitäten, während sich Scham durch flucht- und rückzugsorientierte Verhaltensweisen manifestiert. Diese Verhaltensweisen helfen zu erklären, warum Schuld oft als prosozial angesehen wird, während Scham im Allgemeinen als unsozial gilt. Unabhängig davon, ob man Schuld oder Scham empfindet, gibt es Strategien zur Überwindung dieser Gefühle.

Wie man Schuld und Scham überwindet
Wie der Wunsch nach Wiedergutmachung, den schuldige (und in geringerem Maße auch beschämte) Personen äußern, zeigt, besteht die beste Methode zur Lösung von Scham- oder Schuldgefühlen darin, das Unrecht, das die Schuld oder Scham verursacht hat, zu korrigieren.

Das kann bedeuten, dass man sich für ein Fehlverhalten entschuldigt, einen zerbrochenen Gegenstand ersetzt oder den entstandenen Schaden auf andere Weise wiedergutmacht.

Dennoch kann man nach einer Entschuldigung Schuldgefühle und Demütigung empfinden. Deshalb ist es wichtig, dass man weiß, wie man diese Gefühle lindern kann. Dies geschieht häufig durch Selbstvergebung, insbesondere dann, wenn der Täter der Person, die ihn verletzt hat, nicht vergibt.

Menschen, die zu Schuldgefühlen neigen, verzeihen sich eher selbst, während Menschen, die zu Schamgefühlen neigen, dies weniger häufig tun. Dies ist von entscheidender Bedeutung, denn Selbstvergebung ist eine Technik, um Schuld und Scham zu überwinden, ohne den tatsächlichen Schaden, den man verursacht hat, zu ignorieren.

Eine hoffnungsvolle Studie hat jedoch herausgefunden, dass ein selbstgesteuertes Arbeitsbuch Menschen dabei helfen kann, sich selbst zu vergeben. Dies deutet darauf hin, dass selbst Menschen, die zu Schamgefühlen neigen und weniger geneigt sind, sich selbst zu vergeben, Anstrengungen zur Vergebung unternehmen können. Das Arbeitsbuch zu dieser Studie ist jetzt online frei verfügbar.

Eine andere Studie zeigte, dass Achtsamkeit eine wirksame Strategie zur Verringerung von Schamgefühlen bei Patienten mit Borderline-Persönlichkeitsstörung (BPD, eine Krankheit, die teilweise durch ein anhaltendes, hohes Maß an Scham definiert ist) ist. Teilnehmer, die eine zehnminütige geführte Achtsamkeitsatmung absolvierten, erlebten einen Rückgang der Schamgefühle.

Interessanterweise wurde in dieser Studie auch festgestellt, dass die Meditation der liebenden Güte (LKM) im Vergleich zu einer Kontrollbedingung die Schamgefühle nicht verringerte, obwohl die Autoren spekulieren, dass dies daran liegen könnte, dass die LKM „schrittweise kultiviert werden muss". In jedem Fall scheint das achtsame Atmen eine zugängliche Methode zur Verringerung von Schamgefühlen zu sein.

Eine weitere Strategie zur Linderung von Schamgefühlen besteht darin, sie in Gedanken an Schuld umzuwandeln. Das heißt, anstatt sich für den Schaden, den man verursacht hat, zu schämen, kann man sich wegen seiner Handlungen und Verhaltensweisen schlecht fühlen.

Manche Menschen neigen eher zu Schuldgefühlen, andere zu Schamgefühlen, aber diese bewusste Übertragung von Schuldgefühlen kann vorkommen. Dies kann auch dadurch erreicht werden, dass man sich bewusst macht, dass der von einem verursachte Schaden wieder gutgemacht werden kann und dass die mit diesem Schaden verbundenen Schamgefühle überwunden werden können.

Schuld und Scham systematisch bearbeiten

Hier findest du einige hilfreiche Anregungen für Personen, die nach umsetzbaren Strategien zur Verringerung von Schuld- und Schamgefühlen suchen.

Vorwärts gehen: Sechs Schritte zur Selbstvergebung

Achtsames Atmen

Obwohl der Focus nicht ausdrücklich auf Schuld oder Scham gerichtet war, hat sich in der Studie gezeigt, dass achtsames Atmen hilft, Schamgefühle zu lindern. Dies A hilft jedem, unabhängig vom Grad seiner Achtsamkeitserfahrung, mit einer achtsamen Atemübung zu beginnen. YouTube-Videos können für Personen von Nutzen sein, die es vorziehen, angeleiteten Sitzungen zu folgen.

Schließlich sind Schuld und Scham kritische soziale Emotionen, weil sie Menschen daran hindern, ausschließlich im eigenen Interesse zu handeln. Es ist zwar notwendig, den Schaden, der zu Schuld und Scham geführt hat, anzuerkennen und zu versuchen, ihn zu beheben. Doch ist es auch notwendig, sich selbst zu verzeihen, wenn man sich aufrichtig bemüht hat, den Schaden zu beheben. Andernfalls können sich Schuld- und Schamgefühle nachteilig auswirken.

Außerdem muss der Einzelne denjenigen vergeben, die ihm Schaden zugefügt haben, wenn der Übeltäter den von ihm verursachten Schaden anerkennt und versucht, ihn zu heilen.

Zwar hat jeder das Recht auf Selbstschutz und auf vorbereitende Maßnahmen nach einem Fehlverhalten, doch hat jeder auch das Recht auf Vergebung, wenn er den Schaden wiedergutgemacht oder glaubwürdige Versuche unternommen hat, dies zu tun. Schließlich sollen Schuld und Scham im Grunde dazu beitragen, eine mitfühlendere und gerechtere Gesellschaft zu entwickeln.

BEFREIUNG VON SCHULD UND SCHAM

Obwohl die Begriffe „Schuld" und „Scham" häufig synonym verwendet werden, sind sie nicht gleichbedeutend. Scham ist definiert als:

1) die unangenehmen Empfindungen, die durch das Bewusstsein hervorgerufen werden, dass man selbst oder

ein anderer etwas Unehrenhaftes, Unanständiges oder Absurdes getan hat,

2) die Anfälligkeit für dieses Gefühl,

3) Schande, und

4) ein Umstand, der Reue oder Schande hervorruft.

Schuld wird wie folgt beschrieben:

1) was es bedeutet, schuldig zu sein, etwas Falsches getan oder gegen die Regeln verstoßen zu haben;

2) ein Gefühl der Verantwortung oder Reue für ein tatsächliches oder eingebildetes Vergehen; und

3) das Verhalten, das die Begehung eines solchen Verbrechens oder Unrechts darstellt.

Der Hauptunterschied zwischen Scham und Schuld besteht darin, dass wir, wenn wir uns schämen, denken, dass wir schrecklich sind; wenn wir uns schuldig fühlen, denken wir, dass wir etwas Schlimmes getan haben. Scham spiegelt wider, wer wir sind; Schuldgefühle spiegeln unsere Handlungen wider.

Diese beiden Emotionen tragen in erheblichem Maße zu innerem Leid bei und veranlassen die Menschen häufig dazu, sich selbst zu bestrafen, was zu weiterem Elend führt. Menschen, die mit Drogenmissbrauch zu tun haben, haben häufig tief sitzende Schuld- und Schamgefühle, die größtenteils aus ihrer Jugend stammen, als sie keine Wahl hatten. Der Konsum von Drogen und Alkohol überdeckte diese Gefühle und führte mit Sicherheit zu weiteren Fällen, in denen man sich schuldig oder beschämt fühlte. Dies kann schnell zu einem Teufelskreis des Selbstmissbrauchs führen. Sich für frühere Vergehen schuldig zu fühlen oder zu züchtigen, trägt nicht zur Heilung von Körper und Geist oder zur Genesung bei. Niemand ist ohne Makel. Wir alle haben irgendwann einmal Dinge getan, auf die wir nicht stolz sind. Ganz unabhängig davon, ob wir eine Sucht haben oder nicht. Wenn wir uns mit diesen Gefühlen aufhalten, wird das Wachstum unseres Lebens nur behindert.

Wenn dich Schuld- und Schamgefühle ständig plagen und dein Glück und Wohlbefinden beeinträchtigen, gibt es Hoffnung. Es bedarf bewusster Anstrengungen, um diese Gefühle zu überwinden.

Hier sind ein paar Vorschläge, die funktionieren:

- Akzeptiere es - Wenn Schuld-, Reue- oder Schamgefühle auftauchen, versuche nicht, davor zu fliehen oder sie zu verbergen. Erlaube dir, diese Gefühle zu erleben. Übernimm die Verantwortung für die Dinge, erlebe sie, und gehe dann weiter. Du kannst die Geschichte nicht ändern.

- Korrigiere es - Wenn wir süchtig sind, tun wir vielleicht Dinge, die wir sonst nicht getan hätten. Wenn du Handlungen begangen hast, die dir nahestehenden Menschen geschadet haben, versuche, die Situation zu bereinigen. Wenn du zum Beispiel Geld gestohlen hast, stelle es wieder her. Wenn du das Vertrauen gebrochen hast, ist es eine wirksame Methode, es von deinen Mitmenschen zurückzufordern, indem du einen Tag nach dem anderen clean und nüchtern bleibst.

- Sich entschuldigen - Das Bedauern über begangenes Unrecht kann sehr viel bewirken. Wenn man sich entschuldigt, bedeutet das, dass man alles tun wird, um diese Fehler nicht noch einmal zu begehen.

Guilt Game

GOOD FOR ME
GOOD FOR OTHERS
GUILT-FREE SWEET SPOT
GOOD FOR THE PLANET

My-mindguide.com

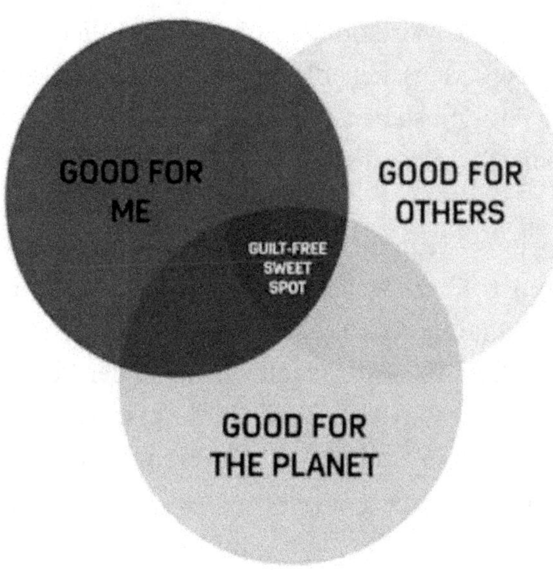

- Verzeihe dir selbst - Es ist wichtig, sich selbst zu verzeihen. Schuld- und Schamgefühle wirken sich nachteilig auf unser Selbstwertgefühl aus. Vergib dir selbst und bemühe dich, deine Fehler nicht zu wiederholen.

- Umgebe dich mit positiven Menschen - Baue dir ein Netzwerk positiver Menschen auf. Mache eine Pause von denen, die dich ständig für deine Fehler kritisieren. Alle Menschen in der Genesung müssen lernen, wo ihre Grenzen liegen und was gesund ist. Wir können uns vielleicht nicht vollständig von einigen Menschen distanzieren, aber wir können zu unserer Position stehen, Wiedergutmachung leisten und sie bitten, die Vergangenheit nicht mehr anzusprechen.

- Schreiben - Schreiben dient als kathartisches Ventil. Du kannst über Vorfälle schreiben, die Schuld- oder Schamgefühle in dir ausgelöst haben. Dies ist vergleichbar mit dem vierten Schritt. Wenn wir tief in der Vergangenheit graben, um die Quelle dieser Gefühle zu entdecken, können wir sie erkennen und heilen. Du brauchst einen linierten Notizblock und einen Kugelschreiber oder Bleistift.

1. Schreibe alles auf, was du deiner Meinung nach falsch gemacht hast. Beginne mit dem jüngsten Ereignis und gehe in der Zeit zurück. Lass' nach jedem Eintrag sechs Zeilen frei.

2. Begründe deine Handlungen unter jedem Eintrag.

3. Gib in der dritten Zeile an, wer durch dieses Verhalten geschädigt wurde.

4. Beschreibe in der vierten Zeile, wie du es anders gemacht hättest.

5. Beschreibe in der fünften Zeile, was du tun kannst, um die Situation zu bereinigen.

Wenn du alles aufgeschrieben hast, bist du bereit, mit den von dir geschriebenen Lösungen weiterzumachen. Wenn wir lernen, mit unseren Emotionen umzugehen und sie zu überwinden, hilft das, den Genesungsprozess zu beschleunigen und einen Rückfall zu verhindern.

FRIEDEN MIT DER SCHULD SCHLIESSEN: DEN SCHADEN BESEITIGEN

Betrachte die Schuld als ein Gefühl des Schreckens über etwas, das du getan hast und das falsch oder verletzend war, oder, genauer gesagt als das Gefühl des Ekels, das mit negativem Denken verbunden ist. Existenzielle Scham ist also eine fiktive Empfindung oder ein fiktives Gefühl. Scham ist definiert als die Überzeugung, dass man ein mieser, schrecklicher oder böser Mensch ist, begleitet von einem Gefühl des Ekels und einer negativen mentalen Bewertung.

Existenzielle Schuldgefühle sind eine Reaktion auf tatsächliche Schäden, wie körperliche, kognitive, emotionale oder zwischenmenschliche Verletzungen. Für eine gesunde Entwicklung ist es von entscheidender Bedeutung, Schuldgefühle zu überwinden und mit ihnen Frieden zu schließen. Hier sind zwei entscheidende Elemente, die als einfacher Lackmustest für existenzielle Schuld dienen: (1) Man muss nachweisen, warum diese Handlung falsch ist, wie z. B. Mord, und (2) man muss den tatsächlichen Schaden nachweisen, der begangen wurde, wie z. B. eine Verletzung oder ein Verstoß. Meiner Ansicht nach gibt es nicht viel, was man als ethisch falsch bezeichnen kann, selbst im Extremfall eines Mordes, und nicht viel, was man als tatsächlichen Schaden bezeichnen kann. Wenn du dir eines von beidem bewusst bist, erfährst du existenzielle Schuld. Was auch immer geschehen ist, stellt im Allgemeinen keine existenzielle Schuld dar. Vielmehr handelt es sich um eine „eingebildete Schuld", bei der du glaubst, etwas falsch gemacht zu haben. Die Schuld ist aber nicht vorhanden. Du hast nie nachgesehen, um das zu überprüfen. Innezuhalten, um sich selbst zu überprüfen, ist entscheidend, um zu vermeiden, dass man etwas mit sich herumträgt, das einem nicht gehört.

Eine Schätzung besagt, dass bei den meisten Menschen von allen Schuldgefühlen, die sie mit sich herumtragen und weiter anhäufen, höchstens 10 % und weniger als 1 % als Schuld für ein Fehlverhalten oder eine direkte Verletzung gelten. Der Rest sind eingebildete Schuldgefühle, die es wert sind, anerkannt zu werden, loszulassen und das Selbstwertgefühl wiederzuerlangen. In solchen Situationen kannst du dich freuen, wenn du mehrmals mutig „Abbrechen und auslöschen" sagst und es sofort durch einen selbstbestätigenden Satz ersetzt, wie z. B. „Ich weiß, dass ich nicht geschadet habe, dass ich ein guter Mensch bin und dass ich etwas bewirken kann." In solchen Situationen kann jeder von uns realistischerweise aufatmen.

Welche Möglichkeiten hast du, wenn du oder jemand anderes nach einer Überprüfung mit der Realität feststellt, dass du etwas Falsches getan und einen Schaden verursacht hast, für den du nun existenzielle Schuldgefühle hast? Eine unkomplizierte Methode zur Auflösung von Schuldgefühlen und zur Vervollständigung der Erfahrung kann äußerst nützlich sein, um die Harmonie mit sich selbst wiederherzustellen und die Luft zu klären sowie die Harmonie in deiner Beziehung wiederherzustellen. Dies hilft bei der Heilung von Wunden in der eigenen Integrität und in Beziehungen. Die drei entscheidenden Schritte sind folgende:

- Drücke zunächst deine Verantwortung gegenüber der verletzten Person oder den verletzten Personen aus; sage: „Ich habe das getan." Dies ist eine ausgezeichnete Gelegenheit, um zu verweilen, der anderen Person direkt in die Augen zu schauen, ehrlich zu sagen, was du getan hast, und es einfach zuzugeben.

- Gib zweitens deine unmissverständliche Zusage und dein Ehrenwort, diese schädliche Handlung nicht zu wiederholen und in Zukunft nur noch gute, verantwortungsvolle Handlungen vorzunehmen; sage: „Ich verpflichte mich und gebe dir mein Wort, dass dieser Schaden nicht mehr vorkommen wird; stattdessen verspreche ich, in Zukunft nur noch diese guten, verantwortungsvollen Handlungen vorzunehmen.

- Frage verbal, was du tun musst, um den Schaden wiedergutzumachen und die Dinge wieder in Ordnung zu bringen; zum Beispiel: „Ich möchte das mit dir in Ordnung bringen; was kann ich jetzt tun, um die Sache vollständig hinter uns zu lassen?" Oft reicht es aus, wenn du deine Besitztümer nennst. Wenn es zu einem materiellen Verlust gekommen ist, kann dieser Verlust verlangt werden, um die schädliche Episode zu beenden und euch beide hinter Gitter zu bringen. Gelegentlich kann es angebracht sein, der verletzten Person oder Gemeinschaft irgendwie zu helfen.

Bestimmte Personen mit religiösem oder moralischem Hintergrund wünschen sich vielleicht, dass derjenige, der den Schaden verursacht hat, sein Bedauern über sein Handeln zum Ausdruck bringt. Sie halten auch eine Entschuldigung und eine Bitte um Vergebung für wichtig. Die folgenden zwei Schritte sind in diesem Fall von Vorteil:

- Du kannst dein Bedauern über deine Tat und den Schaden, den du verursacht hast, zum Ausdruck bringen, indem du sagst: „Ich bereue, was ich getan habe. Ich verstehe jetzt den Schaden, der daraus entstanden ist, und ich bedaure es."

- Entschuldige dich mündlich und bitten um Vergebung für dein Handeln. Bleibe bei diesem Thema SEHR SPEZIFISCH. „Ich entschuldige mich und bitte um Verzeihung für...".

Nachdem all dies ehrlich mitgeteilt wurde, kann die Person, die den Schaden verursacht hat, sich erkundigen, ob die betroffene Person zufrieden ist, und die Situation ist abgeschlossen. Dies ist häufig der Fall. Leider gibt es Menschen, die gut darin sind, einen Groll zu hegen, und die den Vorfall nie loslassen werden. Meiner Erfahrung nach ist dies glücklicherweise eher selten der Fall. Wenn dies der Fall ist, ist es angebracht, dem Träger des Grolls mitzuteilen, dass die Situation für dich abgeschlossen ist. Wenn sie darauf beharren, ist das ein wirklich schlimmes Szenario; diese unerträgliche Last ist ganz allein ihre Sache, und du wäschst deine Hände in Unschuld.

Solange das gefährliche Verhalten, einschließlich des Suchtverhaltens, nicht wiederholt wird, ist es tabu, es zur Sprache zu bringen, selbst in der Hitze eines Streits. Wenn jemand sein Wort gehalten hat und die andere Partei ein altes Problem zur Sprache bringen will, das nicht wieder aufgetaucht ist, wird dies als „Abwiegeln" bezeichnet und wirft ein schlechtes Licht auf den Verursacher. In der Tat liegt es nun in seiner Verantwortung, diesen Schlamassel zu bereinigen! Natürlich ist es vernünftig, die Vorgeschichte des schlechten Verhaltens der verletzenden Partei zu berücksichtigen, wenn sie die verletzende Handlung wieder aufnimmt. Um zu verhindern, dass andere geschädigt werden, glauben manche, dass es besser ist, mit der Wahrheit zu sterben, als jemals ein Fehlverhalten zuzugeben. Gelegentlich kann es, wie bei früheren Affären, nichts Positives bringen, wenn du heute die Wahrheit sagst. Vor allem dann nicht, wenn das Verhalten aufgrund deines ehrlichen Wachstums und deiner Reifung aufgehört hat. Richtiges Urteilsvermögen setzt voraus, dass du den potenziellen Schaden für die geschädigte Partei, der durch dein Eingeständnis entsteht, gegen den Schaden abwägst, der dadurch entsteht, dass du die Situation nicht eingestehst und mit ihr aufräumst. Finde jetzt Ruhe.

BLAME AND GUILT ARE TWO SIDES OF THE SAME WORTHLESS COIN

My-mindguide.com

IN DER PHILOSOPHIE - DIE KONZEPTE VON SCHULD UND SCHAM

PHILOSOPHIE DER SCHULD

Schuld ist eine weithin missverstandene Emotion, die lange Zeit einen ungerechtfertigten, negativen Ruf genoss. Die populäre Presse ist voll von Artikeln, die Ratschläge für ein Leben ohne Schuldgefühle geben. Zahlreiche Therapeuten erkennen die Reduzierung von Schuldgefühlen als kurzfristiges Therapieziel an, und niemand möchte als schuldbeladene Mutter abgestempelt werden. Ein Großteil des Stigmas, das Schuldgefühlen anhaftet, lässt sich jedoch darauf zurückführen, dass die Menschen dazu neigen, Schuld mit Scham zu verwechseln. Wie sich herausstellt, zeigen aktuelle Forschungsergebnisse, dass Schuldgefühle unter dem Strich die anpassungsfähigere Emotion sind, die Beziehungen auf verschiedene Weise stärkt und gleichzeitig die zahlreichen versteckten Kosten vermeidet, die mit Scham verbunden sind.

Schuld wurde auf unterschiedliche Weise als moralisches, selbstbewusstes, soziales und problematisches Gefühl definiert, was die Komplexität dieser affektiven Erfahrung und die zahlreichen Rollen der Schuld im Leben der Menschen verdeutlicht. Systematische theoretische Analysen des

Schuldgefühls gehen zumindest auf Sigmund Freud zurück, der Schuld als eine Reaktion auf die Verletzung von Über-Ich-Normen betrachtete. Nach Freud treten Schuldgefühle auf, wenn unangemessene, vom Ich gesteuerte Aktivitäten oder vom Es gesteuerte Triebe mit den moralischen Forderungen des Über-Ichs kollidieren. Freud betrachtete Schuld als einen normalen Aspekt der menschlichen Erfahrung. Allerdings sah er ungelöste oder unterdrückte Schuldgefühle als entscheidenden Bestandteil vieler psychischer Erkrankungen an. Im Laufe der Jahrzehnte blieb das Thema Schuld meist auf die psychoanalytische Theorie beschränkt. Bis Mitte der 1960er Jahre wurde nur wenig wissenschaftliche Forschung zum Thema Schuld betrieben, und nur wenige psychologische Forscher unterschieden zwischen Scham und Schuld, bis Ende der 1980er Jahre die Revolution einsetzte.

Wie unterscheiden sich Schuld und Scham?

Die Begriffe Schuld und Scham werden häufig synonym verwendet, entweder als moralische Gefühle, die sozial unangemessenes Verhalten einschränken, oder als störende Emotionen, die wesentlich zu verschiedenen psychologischen Störungen beitragen. Eine zunehmende Zahl neuerer Forschungsarbeiten vertritt dagegen die Auffassung, dass es sich um unterschiedliche Gefühlszustände handelt. Schuld und Scham sind Gefühle der Selbstbeschuldigung, die auf viele Misserfolge, Indiskretionen und soziale Fehltritte reagieren können. Der entscheidende Unterschied zwischen diesen beiden Gefühlen liegt in der Richtung der negativen Meinung. Wenn Menschen Schuldgefühle haben, fühlen sie sich schlecht wegen eines bestimmten Verhaltens - wegen etwas, das sie getan haben. Wenn Menschen Scham empfinden, fühlen sie sich anderen gegenüber minderwertig. Diese Unterscheidung zwischen sich selbst („Ich habe etwas Schreckliches getan") und dem Verhalten („Ich habe etwas Schreckliches getan") hat erhebliche Auswirkungen sowohl auf das Erleben des Gefühls als auch auf seine Folgen für die psychologische Anpassung und das zwischenmenschliche Verhalten. Während Schamgefühle (über sich selbst) ein Gefühl der Schrumpfung, der Wertlosigkeit und den Wunsch beinhalten, der schamauslösenden Situation zu entfliehen, sind Schuldgefühle (über ein bestimmtes Verhalten) mit einem Gefühl der Anspannung, der Reue und des Bedauerns verbunden. Personen, die Schuldgefühle empfinden, berichten häufig von einer quälenden Aufmerksamkeit oder Beschäftigung mit dem Vergehen, wobei sie es in Gedanken immer wieder durchspielen und sich wünschen, sie hätten sich anders verhalten. Schuldgefühle wecken nicht den Wunsch, etwas zu verbergen, sondern regen häufig zu Wiedergutmachungsmaßnahmen an: Geständnis, Entschuldigung oder Wiedergutmachung des angerichteten Schadens. Daher ist es wahrscheinlicher, dass Schuldgefühle die Menschen dazu bringen, sich in einer Situation, die Schuldgefühle hervorruft, konstruktiv zu verhalten.

Ein Vorteil von Schuldgefühlen ist, dass der Umfang der Verantwortung weniger weitreichend ist als bei Schamgefühlen. Bei Schuldgefühlen geht es in erster Linie um ein bestimmtes Verhalten, das in gewisser Weise unabhängig von der eigenen Person ist. Da Schuldgefühle die grundlegende Identität nicht gefährden, ist es weniger wahrscheinlich, dass sie zu einer schützenden Verleugnung oder Reaktion führen als Scham. In der Praxis stellen Schuldgefühle eine weitaus besser kontrollierbare Herausforderung dar als Schamgefühle. Es ist wesentlich einfacher, ein negatives Verhalten zu ändern, als ein negatives Selbst zu verändern.

Die moralische Emotion der Schuld scheint die anpassungsfähigere zu sein

Fünf Gruppen von Forschungsergebnissen deuten darauf hin, dass Schuld im Vergleich zu Scham die moralischere und anpassungsfähigere Emotion ist. Zunächst einmal resultieren Scham und Schuld in gegensätzlichen Trieben oder Verhaltensmustern. Normalerweise ist Scham mit dem Wunsch verbunden, etwas zu verleugnen, zu verheimlichen oder zu entkommen; Schuldgefühle sind in der Regel mit dem Wunsch nach Wiedergutmachung verbunden. Auf diese Weise lenken Schuldgefühle den Menschen auf einen konstruktiven, proaktiven und vorwärtsgerichteten Weg, während Scham die Menschen eher in Richtung Trennung, Distanzierung und Verteidigung lenkt.

Zweitens scheint es eine einzigartige Verbindung zwischen Schuld und Empathie zu geben. Die Perspektive einer anderen Person zu verstehen und sich in ihre Gefühle einzufühlen, sind zwei der wichtigsten Aspekte der zwischenmenschlichen Empathie. Empathie wiederum fördert prosoziales, hilfreiches Handeln, unterdrückt Aggressionen und ist ein notwendiger Bestandteil warmer, befriedigender Partnerschaften. Zahlreiche Studien mit Kindern, Jugendlichen und Erwachsenen zeigen, dass Menschen, die zu Schuldgefühlen neigen, im Allgemeinen empathisch sind. (Im Gegensatz dazu steht die Schamneigung im Zusammenhang mit einer verminderten Fähigkeit zu fremdgesteuerter Empathie und einer Tendenz zu selbstgesteuerten persönlichen Notreaktionen.) Ähnliche Ergebnisse ergeben sich, wenn man sich mit den gegenwärtigen Empfindungen von Scham und Schuld beschäftigt. Laut einer Studie, die im Journal of Personality and Social Psychology veröffentlicht wurde, sind Schuld und Scham zwei unterschiedliche Gefühle. Beide können jedoch durch Empathie und Sorge für die Opfer ihrer Handlungen gekennzeichnet sein. Indem sie sich auf ihr schlechtes Verhalten (und nicht auf ihr schlechtes Selbst) konzentrieren, vermeiden sie den egozentrischen, selbstbezogenen Prozess der Scham. Vielmehr lenkt ihre Betonung dieses bestimmten Verhaltens die Aufmerksamkeit auf die Auswirkungen dieses Verhaltens für gestörte Personen und löst eine empathische Reaktion aus.

Drittens ist es vielleicht aufgrund des Zusammenhangs zwischen Schuldgefühlen und Empathie wahrscheinlicher, dass schuldgeplagte Personen ihre Wut konstruktiv bewältigen und ausdrücken. Schuldgeplagte Menschen fühlen sich im Alltag zwar genauso häufig wütend wie der Durchschnitt, aber wenn sie einmal wütend sind, arbeiten sie eher daran, das Problem auf offene, nicht feindselige Weise zu lösen. Sie nutzen ihre Wut, um positive Veränderungen zu bewirken. Wenn Menschen beispielsweise wütend sind, sind sie motiviert, die Situation zu lösen, verhalten sich seltener aggressiv und sind eher geneigt, das Problem offen und logisch zu diskutieren. Im Gegensatz dazu neigen Menschen, die zu Schamgefühlen (über ihr gesamtes Selbst) neigen, eher dazu, ihre Wut durch aggressives und anderes schädliches Verhalten auszudrücken.

Viertens zeigt die Forschung, dass Schuldgefühle den Menschen helfen, Sünden zu vermeiden und ein Leben lang auf einem moralischen Weg zu bleiben. Schuldgefühle beziehen sich beispielsweise auf Aussagen wie „Ich würde etwas, das ich brauche, nicht stehlen, selbst wenn ich sicher wäre, dass ich damit durchkommen würde." Heranwachsende, die Schamgefühle haben, werden seltener straffällig als ihre schuldfreien Klassenkameraden. Kinder, die in der fünften Klasse ein schamfreies Schuldgefühl erleben, werden als junge Erwachsene seltener verhaftet, verurteilt und ins Gefängnis gesteckt. Sie sind eher bereit, sich auf Safer Sex einzulassen und neigen weniger zum Drogenmissbrauch. In einer Längsschnittstudie mit Gefängnisinsassen wurde die Schuldfähigkeit mit einer geringeren Rückfallquote und einem geringeren Drogenmissbrauch im ersten Jahr nach der Entlassung in Verbindung gebracht.

Entgegen der landläufigen Meinung ist schuldfreies Verhalten nicht mit erheblichen Kosten für die psychologische Anpassung und das Wohlbefinden verbunden. Bei Anwendung von Maßstäben, die die Unterscheidung zwischen Scham (über sich selbst) und Schuld (über ein bestimmtes Verhalten) berücksichtigen, zeigt sich, dass die Neigung, Schuldgefühle zu empfinden, meist nicht mit psychiatrischen Symptomen zusammenhängt. Zahlreiche unabhängige Studien sind sich einig: Scham, nicht aber Schuld, wird mit Angst, Traurigkeit, geringem Selbstwertgefühl und einer Vielzahl anderer psychiatrischer Probleme in Verbindung gebracht.

Wann werden Schuldgefühle maladaptiv?

Warum werden Schuldgefühle in der Regel als ein Symptom von Angst und Depression genannt? Was ist dieses chronische, wiederkäuende Schuldgefühl, von dem so viele Therapeuten sprechen? Eine Erklärung ist, dass viele dieser beunruhigenden Schuldgefühle Schuld und Scham miteinander verbinden. Es scheint wahrscheinlich, dass, wenn eine Person mit einem Schuldgefühl beginnt („Oh, was habe ich Schreckliches getan"), dann aber das Ereignis vergrößert und auf das Selbst verallgemeinert („...und bin ich nicht ein schrecklicher Mensch"), viele der Vorteile von Schuldgefühlen verloren gehen. Eine Person ist nicht nur mit Stress und Kummer über ein ungelöstes Verhalten konfrontiert, sondern auch mit Gefühlen der Verachtung und des Hasses auf ein armes, unvollkommenes Selbst belastet. Schuldgefühle, die mit Scham behaftet sind, können genauso lästig sein wie die Scham selbst.

Es ist wichtig anzumerken, dass sich die meisten Maßnahmen zur Unterscheidung von Scham und Schuld auf Situationen konzentrieren, in denen die Verantwortung oder Schuld eindeutig feststeht. Der Einzelne soll sich Fälle vorstellen, in denen er eklatant versagt oder eine Übertretung begangen hat. Probleme treten dann auf, wenn Menschen ein übertriebenes oder fehlgeleitetes Verantwortungsgefühl für Situationen entwickeln, die sich ihrer Kontrolle entziehen. Schuldgefühle von Überlebenden sind ein klassisches Beispiel für diese Art von beunruhigenden emotionalen Reaktionen, die immer wieder mit posttraumatischen Belastungsstörungen und anderen psychischen Störungen in Verbindung gebracht werden.

Sind Schuldgefühle vorteilhaft?

Der Nutzen von Schuldgefühlen wird am deutlichsten, wenn Menschen ihre Fehler und Verfehlungen anerkennen und die entsprechende Verantwortung übernehmen. Unter diesen Umständen scheint der zwischenmenschliche Nutzen von Schuldgefühlen nicht mit unangemessenen Kosten verbunden zu sein. Die Neigung zu schamfreien Schuldgefühlen als Reaktion auf offensichtliche Verstöße hat weitgehend nichts mit psychiatrischen Problemen zu tun, aber Scham wird regelmäßig mit maladaptiven Prozessen und Ergebnissen auf mehreren Ebenen in Verbindung gebracht. Wenn es um das Wohlergehen des Einzelnen, das Wohlergehen seiner Beziehungen und das Wohlergehen der Gesellschaft geht, ist Schuld das moralische Gefühl der Wahl.

PHILOSOPHIE DER SCHAM

Scham Definition

Scham ist eines der am meisten unterschätzten Gefühle in den westlichen Ländern. Obwohl Schamgefühle die psychologische Anpassung und die zwischenmenschlichen Interaktionen einer Person stark beeinflussen können, bleiben diese Gefühle häufig unbemerkt. Die Betroffenen sprechen nur selten über ihre Erfahrungen mit Scham. Verleugnung und das Bedürfnis, etwas zu verbergen, sind Teil der Phänomenologie der Scham. Der Einzelne zieht sich vor seinen Schamgefühlen zurück, ebenso wie er sich während einer Schambegegnung von anderen zurückzieht. Um die Verwirrung noch zu verstärken, kann sich Scham als andere Emotionen tarnen, sich hinter Schuldgefühlen oder Wut verstecken und Verzweiflung und Traurigkeit schüren.

Die Tendenz der Menschen, Scham mit Schuld zu verwechseln, hat dazu beigetragen, dass Scham im ersten Jahrhundert der Psychologie zu einer Fußnote verkommen ist. In der Fachliteratur und im allgemeinen Sprachgebrauch werden Scham und Schuld häufig austauschbar als Synonyme für Emotionen verwendet, oder (was vielleicht noch häufiger der Fall ist), Schuld wird als Sammelbegriff für die Komponenten beider Emotionen verwendet. Selbst Sigmund

Freud, der Vater der Psychoanalyse, hat selten zwischen Scham und Schuld unterschieden.

Die Unterscheidung zwischen Scham und Schuld

Zahlreiche Psychologen und Anthropologen haben sich bemüht, diese moralischen Gefühle voneinander zu trennen. Es gibt drei Arten von Erklärungen für die Unterscheidung zwischen Scham und Schuld:

1. Eine Unterscheidung zwischen den Arten von Ereignissen, die Emotionen hervorrufen.

2. Eine Unterscheidung zwischen dem öffentlichen und dem privaten Charakter der Übertretung.

3. Eine Unterscheidung zwischen dem Ausmaß, in dem das Individuum das Emotionen auslösende Ereignis als ein Versagen des Selbst oder des Verhaltens betrachtet.

Theoretiker, die sich auf bestimmte Ereignisse konzentrieren, gehen davon aus, dass bestimmte Situationen zu Scham führen. Andere wiederum führen zu Schuldgefühlen. So lösen beispielsweise Handlungen, die andere verletzen, Schuldgefühle aus, während Verhaltensweisen, die gegen soziale Regeln verstoßen, Scham hervorrufen (z. B. Rülpsen in der Öffentlichkeit, schlechte Tischmanieren, untypisches Sexualverhalten). Die sozialpsychologische Forschung zeigt jedoch, dass das Ereignis einen unerwartet geringen Einfluss auf die Unterscheidung zwischen Scham und Schuld hat. Wenn man Menschen bittet, ihre Scham- und Schuldgefühle zu schildern, werden die meisten Ereignisse (z. B. Lügen,

Betrug, Diebstahl, Sex, unterlassene Hilfeleistung, Missachtung der Eltern) von den einen mit Schamgefühlen und von den anderen mit Schuldgefühlen in Verbindung gebracht. Es wird vermutet, dass sich Schuldgefühle traditionell auf moralische Verstöße beziehen (z. B. Verletzung anderer oder Missachtung gesellschaftlicher Normen), während sich Schamgefühle auf ein breiteres Spektrum von Situationen beziehen und moralische und nichtmoralische Fehler und Übertretungen umfassen. Die Situationen, die zu Scham und Schuldgefühlen führen, sind jedoch verblüffend ähnlich.

Ein weiterer häufig genannter Unterschied zwischen Scham und Schuld ist die lange Zeit vorherrschende Meinung, dass Scham eine eher öffentliche Emotion ist, die durch öffentliche Bloßstellung und Ablehnung entsteht. Im Gegensatz dazu ist Schuld ein eher privates Gefühl. Wie sich herausstellt, wird dies durch die Forschung in Bezug auf die tatsächlichen Merkmale der Situation nicht bestätigt. Das Eingeständnis von Menschen, dass sie sich schämen oder schuldig fühlen, zeigt, dass die Wahrscheinlichkeit, dass andere von schamverursachenden Handlungen erfahren, nicht größer ist als die von schuldverursachenden Handlungen.

Woher stammt das Konzept, dass Scham ein eher öffentliches Gefühl ist? Obwohl scham- und schuldinduzierende Situationen ähnlich öffentlich sind (durch die Möglichkeit, dass andere anwesend sind und das Versagen oder die Verletzung wahrnehmen), achten Menschen, die sich schämen, auf andere Faktoren als wenn sie sich schuldig fühlen. Wenn Menschen sich verantwortlich fühlen, wissen sie zwangsläufig, welche Auswirkungen sie auf andere haben (z. B. wie sehr eine unvorsichtige Bemerkung einen Mitmenschen verletzt oder wie sehr sie ihre Leute frustriert haben). Wenn Personen Scham empfinden, machen sie sich mehr Sorgen darüber, wie andere sie sehen werden (z. B., ob ein Partner die Person für einen Idioten halten könnte oder ob die Erziehungsberechtigten die betreffende Person als Enttäuschung empfinden könnten). Kurz gesagt, wenn Menschen Scham empfinden, konzentrieren sie sich häufig auf die Meinung anderer. Die tatsächliche öffentliche Bloßstellung ist jedoch nicht wahrscheinlicher als bei Schuldgefühlen.

Ein dritter Unterschied zwischen Scham- und Schuldgefühlen beruht auf dem Objekt der negativen Bewertung, und dies ist derjenige, der von der sozialpsychologischen Forschung am stärksten unterstützt wird. Wenn Menschen Schuldgefühle haben, fühlen sie sich schrecklich wegen eines bestimmten Verhaltens. Wenn Menschen Scham empfinden, fühlen sie sich anderen gegenüber minderwertig. Auch wenn diese Unterscheidung zwischen sich selbst („Ich habe diese schreckliche Sache getan") und der Handlung („Ich habe diese entsetzliche Sache getan") unbedeutend erscheinen mag, legt sie doch den Grundstein für zutiefst unterschiedliche emotionale Erfahrungen, Motivationsmuster und anschließendes Verhalten.

Scham ist ein besonders schreckliches Gefühl, da es nicht nur das eigene Verhalten, sondern auch das eigene Selbst betrifft. Scham ist eine quälende Auseinandersetzung mit dem eigenen Selbst, die Überzeugung, dass „ich eine unzulängliche, inkompetente oder böse Person bin". Menschen, die sich schämen, berichten häufig von einem Gefühl des Schrumpfens, des Kleinseins. Sie glauben, dass sie nutzlos und schwach sind. Außerdem fühlen sie sich bloßgestellt. Auch wenn Scham nicht immer voraussetzt, dass ein Publikum Zeuge der eigenen

Schwächen wird, so ist sie doch häufig mit der Vorstellung verbunden, wie das eigene geschädigte Selbst auf andere wirken könnte - als unwürdig und abstoßend.

Schambezogene Motivationen und Verhaltensweisen

Empirischen Untersuchungen zufolge fördert Scham häufig Vermeidungsverhalten, Abwehr und Verleugnung. Personen, die Scham empfinden, äußern häufig den Wunsch, der Situation zu entfliehen, „im Boden zu versinken und zu verschwinden". Es ist nicht alltäglich, dass Personen die Verantwortung für ihre Handlungen (oder das Verhalten selbst) leugnen. Personen, die sich schämen, neigen dazu, ihre Übertretungen und sich selbst vor anderen zu verbergen, um die Qualen der Scham zu vermeiden. Neben der Förderung von Vermeidungsverhalten zeigt die Forschung, dass Scham häufig zur Externalisierung von Schuld und Zorn führt. Anfänglich richtet sich die Feindseligkeit während einer Schamerfahrung gegen das eigene Ich („Ich bin so ein Versager"). Da dies jedoch eine so umfassende negative Selbsteinschätzung erfordert, fühlt sich die Person, die Scham erlebt, wahrscheinlich gefangen und überwältigt. Infolgedessen neigen beschämte Personen dazu, sich zu verteidigen. Eine Strategie zum Selbstschutz und zur Wiedererlangung der Kontrolle besteht darin, den Hass und die Schuldgefühle nach außen zu richten. Anstatt die Verantwortung dafür zu übernehmen, die Gefühle eines Freundes verletzt zu haben, neigen beschämte Menschen dazu, sich zu entschuldigen, zu leugnen, etwas Verwerfliches gesagt zu haben, und dem Freund sogar vorzuwerfen, dass er überreagiert oder sie falsch interpretiert hat. Nicht jede Wut ist durch Scham motiviert; dennoch sind irrationale Wut und Ärger, die aus dem Nichts zu kommen scheinen, durch zugrunde liegende Schamgefühle motiviert.

In extremen Fällen kann sich Scham durch Feindseligkeit und Gewalt äußern, mit tragischen Folgen. Kliniker und Forscher haben Scham als typische Komponente in Szenarien häuslicher Gewalt ausgemacht. In den Monaten vor dem Columbine-Massaker und früheren Schießereien an Schulen hatten die Täter offenbar mit intensiven Gefühlen der Demütigung zu kämpfen. Kollektive Scham und Demütigung wurden von Historikern und politischen Analysten als Ursache für ethnische Kämpfe, Völkermord und internationale Konflikte erkannt.

Schamgefühle und psychiatrische Symptome

Forscher weisen häufig auf einen Zusammenhang zwischen Scham und verschiedenen psychischen Symptomen hin, darunter Depressionen, Angstzustände, PTBS, Drogenabhängigkeit, Essstörungen, sexuelle Funktionsstörungen und Selbstmord gedanken. Personen, die sich häufig schämen, haben ein höheres Risiko, psychische Symptome zu entwickeln, als ihre Altersgenossen, die sich nicht schämen.

Ist Scham überhaupt eine moralische Emotion?

Scham wird häufig als eine moralische Emotion bezeichnet, die sich aus erheblichen moralischen oder sozialen Verstößen ergibt. Eine weit verbreitete Vorstellung besagt, dass Menschen Übertretungen und unangemessenes Verhalten vermeiden, indem sie beschämende Gedanken und Gefühle meiden. Überraschenderweise gibt es kaum Forschungsergebnisse, die belegen, dass Scham eine abschreckende Wirkung hat. Scham ist nicht so wirksam wie Schuldgefühle, um das eigene Verhalten moralisch zu lenken. Die von Erwachsenen selbst angegebenen moralischen Aktivitäten stehen beispielsweise in einem signifikant positiven Zusammenhang mit einer Neigung zu Schuldgefühlen, nicht aber mit einer Neigung zu Scham.

Ebenso werden Jugendliche, die eine ausgeprägte Fähigkeit zu Schuldgefühlen haben, im Laufe ihrer Jugendjahre seltener verhaftet und inhaftiert. Kinder, die zu Schamgefühlen neigen, haben dieses Glück nicht. Schuld, aber nicht Scham, steht in Verbindung mit einem geringeren „kriminellen Denken" bei inhaftierten Straftätern. Untersuchungen, die Scham mit vermindertem Einfühlungsvermögen, Verleugnung von Verantwortung und schädlichen Wutausbrüchen in Verbindung bringen, geben Anlass, die moralische Selbstregulierungsfunktion der Scham in Frage zu stellen.

Die adaptiven Funktionen der Scham
Bisher haben Theorie und Forschung die negativen Aspekte der Scham hervorgehoben und ihre nachteiligen Auswirkungen auf die psychologische Anpassung und das zwischenmenschliche Verhalten unterstrichen. Warum also sind Menschen in der Lage, diese Emotion zu empfinden? Welche adaptive Funktion könnte sie möglicherweise erfüllen?

Psychologen, die einen soziobiologischen Ansatz verfolgen, haben sich auf die anziehenden Funktionen der Scham konzentriert. Für dominante Affen ist sie ein wichtiger Indikator dafür, dass rangniedrigere Tiere ihren Platz in der sozialen Ordnung der Affen anerkennen. Unterwürfige, schamähnliche Emotionen (geduckte Haltung, gesenkter Blick) verstärken die soziale Ordnung und scheinen gewaltsame Auseinandersetzungen zu verhindern. Wenn Untergebene auf diese Weise Kapitulation zeigen, sind dominante Affen deutlich weniger geneigt, anzugreifen. Wahrscheinlich hatte die

Scham in früheren Phasen der menschlichen Evolution einen vergleichbaren Zweck. Darüber hinaus wurde vorgeschlagen, dass der Impuls, sich zurückzuziehen, der häufig mit Scham verbunden ist, dazu dienen kann, potenziell gefährliche soziale Begegnungen zu unterbrechen, bis sich das beschämte Individuum wieder sammeln kann. Im Allgemeinen deuten die wissenschaftlichen Erkenntnisse darauf hin, dass Schuld die moralischere, anpassungsfähigere Reaktion auf Verbrechen und Verstöße in einer modernen menschlichen Gemeinschaft ist, die eher egalitär als hierarchisch aufgebaut ist.

Guilt Game

UMGANG MIT SCHULDGEFÜHLEN POSITIVE ERGEBNISSE AUS NEGATIVEN EMOTIONEN GEWINNEN

Bist du über etwas verärgert?
Vielleicht hast du eine wenig schmeichelhafte Bemerkung über einen deiner Teamkollegen gemacht. Oder vielleicht bist du hin- und hergerissen zwischen den Anforderungen deines Berufs- und deines Privatlebens und hast Angst, einem der beiden zu wenig Zeit oder Aufmerksamkeit zu widmen.

Unabhängig von den Umständen können Schuldgefühle eine unerträgliche Last sein. Wenn sie nicht kontrolliert werden, können sie an dir knabbern und dich herunterziehen. Es kann sogar sein, dass du andere meidest, um deine Schuldgefühle zu verbergen, oder dass du dich aufgrund deiner Gefühle impulsiv verhältst.

Schuldgefühle können aber auch eine sehr nützliche Emotion sein. Die Studie zeigt, dass Schuldgefühle am hilfreichsten sind, wenn sie einen daran erinnern, dass man sich in Zukunft verbessern kann. Es zeigt auch, dass man moralische und ethische Grundsätze und Einfühlungsvermögen besitzt.

Gelegentlich empfinden wir jedoch unangemessene Schuldgefühle für Ereignisse, auf die wir keinen Einfluss haben. Bleibt dies unkontrolliert, kann es sich als nachteilig erweisen. In diesem Abschnitt werden die verschiedenen Arten von Schuldgefühlen und der Umgang mit ihnen erörtert.

Warum habe ich Schuldgefühle?

Schuldgefühle sind das Gefühl, das wir empfinden, wenn wir uns selbst oder andere enttäuschen, weil wir eine bestimmte Norm nicht erfüllen. Diese Norm kann allgemein anerkannt sein (z. B. das Verpassen einer Frist und die Verzögerung eines Projekts). Sie kann aber auch selbst auferlegt sein: ein selbst empfundenes Versagen, den eigenen Werten gerecht zu werden.

Im Allgemeinen gibt es zwei Arten von Schuldgefühlen: „gute" und „ungesunde". Es ist wichtig, dass du weißt, welche Art von Scham du empfindest, wenn du etwas tust. Kurze Zeit später bist du dann in einer besseren Situation, um damit umzugehen.

Wenn du dich schuldig fühlst, ist es wichtig, zwischen „guten" und „ungesunden" Verhaltensweisen zu unterscheiden.

Erkennen gesunder Schuldgefühle

Gesunde Schuldgefühle sind vernünftig oder fair. Es ist das schreckliche Gefühl, das man hat, wenn man erkennt, dass man sich unangemessen verhalten hat.

Wenn du jemanden verletzt oder ein Problem verursachst, das du sonst hättest vermeiden können, wirst du gesunde Schuldgefühle haben. Schuldgefühle zeigen dir, dass du Wiedergutmachung leisten und dein Verhalten ändern musst.

Ungesunde Schuldgefühle

Ungesunde Schuldgefühle sind übertrieben, unangebracht und unvernünftig. Dies ist der Fall, wenn du dich wegen etwas schrecklich fühlst, aber nicht dafür verantwortlich bist oder keine Kontrolle über die Umstände hast.

Zum Beispiel erlebt ein Freund einen erheblichen Karriereknick, während du eine Beförderung erhältst. Obwohl du mit deinen Leistungen zufrieden bist, tust du ihm leid und fühlst dich schuldig an deinem Glück. Diese Schuldgefühle sind irrational und ungesund, da du keinen Einfluss auf die Umstände hast, die zu dieser Situation geführt haben. Damit ist niemandem gedient - und du hast kein Unrecht begangen!

Die „Überlebensschuld" ist ein extremes Beispiel. Zum Beispiel können einige Personen, die aufgrund des unerwarteten Verlusts ihres Arbeitsplatzes durch COVID-19 noch beschäftigt sind, eine Überlebensschuld empfinden.

Pathologische Schuldgefühle sind schwer zu behandeln, weil man nicht viel tun kann, um die Dinge zu verbessern. Das Ziel besteht vielmehr darin, die eigenen Denkfähigkeiten zu verbessern.

Wie man mit gesunden Schuldgefühlen umgeht

Es kann schrecklich sein, sich schuldig zu fühlen, weil man etwas falsch gemacht hat. Wenn es dennoch auftritt, kannst du es nutzen, um deine Beziehungen zu stärken und dein persönliches Wachstum voranzutreiben.

Ziehe die folgenden Methoden zur Bewältigung gesunder Schuldgefühle in Betracht:

Anerkennen und entschuldigen

Wenn deine Schuldgefühle eine andere Person beeinträchtigen, entschuldige dich sofort und entschuldige dich bedingungslos. Versuche nicht, dein Verhalten zu entschuldigen oder anderen die Schuld zuzuschieben, selbst wenn sie daran beteiligt waren. Bestätige einfach deinen Ärger, deine Verärgerung oder deinen Schmerz.

Allein die Tatsache, dass du das Problem auf diese Weise ans Licht bringst, kann erheblich zur Lösung der Situation beitragen. Vielleicht stellst du sogar fest, dass die Person bereits „darüber hinweg ist". Aber auch wenn die Person, die du beleidigt hast, deine Entschuldigung nicht sofort annimmt, hast du die Verantwortung für dein Verhalten anerkannt und übernommen.

Nimm schnell Änderungen vor

Finde eine Lösung, um die Situation zu bereinigen, und tue dies sofort. Wenn du diesen Schritt hinauszögerst und zulässt, dass sich sogar berechtigte Schuldgefühle ansammeln, kann das dich beunruhigen und trägt nicht zur Linderung des Kummers deines Gegenübers bei.

Mache Handlungen nützlich. Wenn du z.B. etwas Kritisches übersehen hast und einen Kollegen mit mehr Arbeit belastest, melde dich freiwillig bei der Geschäftsleitung, um sie über deine Schuld zu informieren. Dann hilfst du bei der Arbeit. Das ist vorteilhafter als eine Einladung zum Mittagessen.

Modifizierung deines Benehmens

Dein schuldhaftes Verhalten kann ein einmaliges Ereignis sein, z.B. wenn du etwas Unsensibles sagst. Es kann aber auch etwas sein, das du häufig tust, z. B. eine schlechte Buchführung, die deinen Kollegen immer wieder Probleme bereitet.

Es ist wichtig, dass du die Führung übernimmst und das problematische Verhalten ansprichst. Dazu könnte gehören, dass du dein Zeitmanagement und deine Delegationsfähigkeiten verbesserst, um ein ausgewogeneres Arbeitsleben zu schaffen und negative Gewohnheiten zu überwinden.

Positive Verbesserungen werden deine Interaktionen mit anderen verbessern und dir helfen, häufige Schuldgefühle zu vermeiden. Ziehe in Erwägung, deinen Chef um Unterstützung bei den gewünschten Gewohnheiten zu bitten, da er dir vielleicht Schulungen oder Ratschläge geben kann.

Akzeptieren und weitermachen

Wenn du alles getan hast, was möglich war, um den Vorfall wiedergutzumachen und eine Wiederholung zu verhindern, solltest du die Schuldgefühle loslassen. Je eher du sie überwunden hast, desto eher kannst du dich produktiveren Tätigkeiten zuwenden. Das Akzeptieren deiner Gefühle und das Einleiten des Prozesses der Selbstvergebung kann durch Achtsamkeit gefördert werden.

Außerdem kannst du deine Erfahrungen nutzen, um deine emotionale Intelligenz zu kultivieren. Diese kann dir helfen, deine eigenen Emotionen zu verstehen und zu regulieren, so dass du effektiv mit deiner Schuld umgehen kannst.

Tipp:
Wenn du Schwierigkeiten hast, weiterzumachen, wende dieselbe Technik an, die du bei einem Freund anwenden würdest. Wenn er sich entschuldigt, wirst du seine Entschuldigung

wahrscheinlich annehmen und weitermachen. Behandle dich selbst mit demselben Anstand - sonst läufst du Gefahr, in ungesunde Schuldgefühle zu verfallen.

Wie man mit unverantwortlichen Schuldgefühlen umgeht

Ungesunde Schuldgefühle bieten keinen der Vorteile, die mit gesunden Schuldgefühlen verbunden sind, und es kann schwierig sein, sie zu überwinden. Es ist jedoch möglich, deine Emotionen in den Griff zu bekommen und mit der richtigen Taktik eine ausgewogenere Perspektive beizubehalten.

Behalte einen ausgewogenen Blick auf das, was du kontrollieren kannst

Beginne damit, die Faktoren zu notieren, die du in einer bestimmten Situation wirklich kontrollieren kannst. Schreibe anschließend alles auf, was du nicht tun kannst. Übernimm die Verantwortung für dein Handeln und lass dich nicht von den Worten oder Taten anderer beeinflussen. Je länger deine zweite Liste ist, desto wahrscheinlicher ist es, dass deine Schuldgefühle unbegründet und unvernünftig sind.

Mache dir keine Gedanken über Dinge, die du nicht ändern kannst. Bemühe dich, nur die Komponenten der Situation zu beeinflussen, auf die du Einfluss hast. Und wenn nötig, entwickle einen Plan, um sie anzugehen.

Es ist akzeptabel, dein „Überlebens"-Glück anzuerkennen und mit anderen mitzufühlen. Du solltest jedoch erkennen, dass es anstrengend sein kann, dich deswegen schlecht zu fühlen. Der Versuch, sich davon zu erholen und weiterzumachen, ist hingegen unehrlich, was deine Gefühle angeht.

Nutze stattdessen die Kraft der Schuldgefühle, um sich zu konstruktiven Maßnahmen zu motivieren. Dies wird dir ein Gefühl der Kontrolle in einer ansonsten machtlosen Situation vermitteln. Unser Aufsatz über das Kontroll-Einfluss-Akzeptanz-Modell kann in dieser Situation hilfreich sein.

Du kannst zum Beispiel jemandem helfen, indem du ihn nicht aus Verlegenheit meidest oder indem du dir die Zeit nimmst, zuzuhören und seine Situation anzuerkennen. Allein die Frage nach den Wünschen und Bedürfnissen einer Person kann schon viel bewirken.

Unabhängig davon, ob du anderen hilfst oder nicht, kannst du dich auch dafür entscheiden, „den Tag zu nutzen" und das Beste aus deinem „Glück" zu machen - indem du dein Bestes gibst. Zielstrebigkeit nach einem traumatischen Ereignis verwandelt die Gewissensbisse der Überlebenden in Dankbarkeit und Handeln.

Verwende Affirmationen

Mit Hilfe von Affirmationen kannst du hartnäckige oder wiederkehrende unangemessene Schuldgefühle überwinden. Dazu musst du negative Selbstgespräche unterdrücken und die Meinung anderer einholen, um eine objektivere Perspektive zu erhalten. Anschließend kannst du mit Hilfe von Affirmationen die Botschaft verstärken, dass der Umstand nicht deine Schuld ist.

Nachdem du festgestellt hast, auf welche Aspekte der Umstände du Einfluss hast und auf welche nicht, sprich sie mit einer einfachen positiven Aussage an. Zum Beispiel: „Ich wurde vor Kyle befördert, weil ich über eine bessere Kombination von Talenten und Erfahrung verfüge", und nicht: „Ich wurde vor Kyle befördert, obwohl er schon länger hier ist. Ich muss also aufdringlich und überehrgeizig gewesen sein."

Tipp:
Eine wirksame Affirmation für verschiedene Situationen ist „Ich habe mit den Informationen, die ich hatte, das Beste gemacht, was ich konnte."

Konfrontiere deinen Perfektionismus

Vielleicht fühlst du dich schuldig, weil du zu hohe Ansprüche an dich selbst stellst. Das kann dazu führen, dass du dich für Dinge schuldig fühlst, die du nicht oder nicht gut genug gemacht hast, selbst wenn sie nicht deine Schuld sind. Gleichzeitig übersiehst du deine Leistungen völlig.

Nimm dir Zeit, über deine perfektionistischen Tendenzen nachzudenken und sie in Frage zu stellen, um deine Ansprüche neu auszurichten. Denke außerdem daran, dass niemand fehlerlos ist!

Sei selbstbewusst

Wahrscheinlich fühlst du dich in einer bestimmten Situation schuldig, weil jemand anderes die unrealistischen Erwartungen, die er an dich stellt, gar nicht wahrnimmt.

Es kann aber auch sein, dass dich jemand absichtlich beeinflusst, um Schuldgefühle hervorzurufen, damit du dein Handeln kontrollierst. Bestimmte Personen sind besonders geschickt darin, die Schuldgefühle ihrer Mitarbeiter zu erkennen und auszunutzen.

Denke an den Vorgesetzten, der ständig verlangt, dass Teammitglieder „zum Wohle des Teams" Überstunden machen - und indirekt andeutet, dass jeder, der eine gesunde Ausgewogenheit zwischen Berufs- und Privatleben anstrebt, das Gleiche tun sollte. ist „eine Person, die kein Teamplayer ist". Dies kann Schuldgefühle ohne ersichtlichen Grund hervorrufen.

In diesen Fällen solltest du für dich selbst eintreten. Wenn du dir darüber im Klaren bist, dass du nicht im Unrecht bist, solltest du deine Botschaft entschlossen und selbstbewusst vortragen.

Warnung: Negatives Denken in Verbindung mit pathologischen Schuldgefühlen kann ein Symptom von Depressionen, Burnout oder Zwangsstörungen sein und zu ernsthaften gesundheitlichen Problemen führen.

Die in diesem Abschnitt beschriebenen Ansätze können sich positiv auf den Abbau ungesunder Schuldgefühle auswirken, sie dienen jedoch nur zu Informationszwecken. Suche immer professionelle Hilfe auf, wenn du dir Sorgen über damit verbundene Krankheiten machst oder wenn ständige Schuldgefühle zu erheblichem oder chronischem Unglücklichsein führen.

Schuldgefühle erzeugen Stress und beeinträchtigen die Leistungsfähigkeit am Arbeitsplatz. Wird nicht eingegriffen, können sie Beziehungen ernsthaft schädigen und zu psychischen Problemen beitragen.

Es gibt zwei verschiedene Kategorien von Schuldgefühlen. Gesunde Schuld bedeutet, dass du dein Fehlverhalten anerkennst und es dazu nutzt, dich zu motivieren, deine Beziehungen und dein Verhalten zu verbessern, indem du:

- dich entschuldigst.
- Das eigene Verhalten änderst.
- Deine Unzulänglichkeiten eingestehst und dein Verhalten änderst.

Es handelt sich um ungesunde Schuldgefühle, wenn du dich wegen fiktiver oder außerhalb deiner Kontrolle liegender Dinge entschuldigst. Auch wenn die Umstellung schwierig sein kann, kannst du deine Emotionen in den Griff bekommen:

- Erkenne, was du kontrollieren kannst und was nicht.
- Deine Maßstäbe auf den Prüfstand stellst.
- Die positiven Elemente der Situation bekräftigst.
- energisch auf diejenigen zugehst, die versuchen, dich zu beschuldigen.

SIEBEN WEGE, SCHULDGEFÜHLE ZU VERMEIDEN, OHNE JEMANDEN ZU VERLETZEN

Schuldgefühle haben einen Preis, den beide Parteien vermeiden sollten.

Schuldgefühle sind eine verbale oder nonverbale Kommunikation, bei der derjenige, der die Schuldgefühle auslöst, versucht, der Zielperson Schuldgefühle einzuflößen, um ihr Verhalten zu kontrollieren. Schuldzuweisungen stellen somit eine eklatante psychologische Manipulation und Nötigung dar.

Von Schuldgefühlen wird jedoch selten in solch harschen Worten gesprochen. Wir nehmen sie eher als etwas wahr, das Mütter sagen, um ihre Kinder dazu zu überreden, noch eine weitere Schüssel Suppe zu essen („Ich habe drei Stunden am Herd geschuftet, damit du nur ein Matzebällchen bekommst?"), oder als etwas, das Väter tun, um ihre Kinder zu überreden, sich anzupassen („Gut, dann geh nicht zur Konfirmation deiner Nichte. Ich nehme an, deine Familie und dein Glaube sind dir nicht mehr wichtig").

Warum Schuldzuweisungen häufig erfolgreich sind

Schuldzuweisungen sind zwar ein fester Bestandteil der Interaktionen in vielen Familien, aber sie sind selten so harmlos, wie wir glauben. Sie sind zwar häufig „erfolgreich", weil sich das Verhalten des Empfängers ändert. Diese „Erfolge" haben jedoch immer einen Preis, den nur wenige Schuldzuweiser in Betracht ziehen: Schuldgefühle erzeugen in der Regel starke Reuegefühle und starke Hassgefühle gegenüber dem Manipulator.

Die typische Art der Beziehungen zwischen den beiden Personen ermöglicht es, dass Schuldtrips trotz des Hasses, den sie erzeugen, erfolgreich sind. Schuldgefühle sind am häufigsten in engen Familienbeziehungen (oder engen Freundschaften) anzutreffen, denn wenn die Zielperson keine starken Gefühle der Fürsorge und Zuneigung für den Schuldauslöser empfindet, überwiegen ihr Groll und ihre Wut darüber, manipuliert worden zu sein, wahrscheinlich ihre Schuldgefühle, so dass sie sich der Manipulation widersetzt.

Wie Schuldgefühle unsere intimsten Beziehungen vergiften

Als diejenigen, die Schuldgefühle auslösten, nach den möglichen Folgen ihres Handelns gefragt wurden, gaben nur 2 % Feindseligkeit an. Mit anderen Worten: Personen, die Schuldgefühle auslösen, konzentrieren sich in der Regel voll und ganz auf das Erreichen des gewünschten Ergebnisses und sind sich des potenziellen Schadens, den ihre Handlungen anrichten können, überhaupt nicht bewusst. So milde die giftigen Folgen der meisten Schuldgefühle auch sind, ihre Toxizität kann sich im Laufe der Zeit akkumulieren und zu erheblichem Stress und emotionaler Entfremdung führen. Ironischerweise ist das häufigste Motiv für familiäre

Schuldgefühle die zwischenmenschliche Vernachlässigung, was darauf hindeutet, dass die langfristigen Auswirkungen von Schuldgefühlen wahrscheinlich das genaue Gegenteil von dem sind, was die meisten Schuldgefühle auslösenden Personen wünschen.

Sieben Techniken zur Begrenzung von Schuldgefühlen

Die wirksamste Strategie zur Abschwächung des Schadens, den Schuldgefühle in unseren Beziehungen anrichten, besteht darin, dem Schuldigen Grenzen zu setzen und ihn zu ermutigen, seine Gewohnheiten zu ändern. So geht's:

1. Versichere der Person, dass du verstehst, wie wichtig es für sie ist, dass du das tust, wozu sie dich zu beschämen versucht.

2. Erkläre, dass die Person, die dich mit Schuldgefühlen dazu zwingen will, ihren Wünschen nachzukommen, dich wütend macht, selbst wenn du dich schließlich fügst.

3. Bringe Befürchtung zum Ausdruck, dass die Anhäufung dieser Art von Ressentiments dazu führen könnte, dass du dich noch weiter von ihnen distanzierst, was weder du noch sie wollen.

4. Bitte sie, ihre Wünsche direkt mitzuteilen, die Verantwortung für die Bitte zu übernehmen, anstatt zu versuchen, dein Gewissen einzuschalten, und deine Entscheidungen zu respektieren, wenn du sie triffst (z. B. „Ich hätte gerne noch einen Teller Suppe. Nein? Für dich ist ein Braten vorgesehen, oder „Es würde mir sehr viel bedeuten, wenn du zur Konfirmation deiner Nichte kommen könntest, aber ich verstehe, wenn dein Terminkalender es nicht zulässt."

5. Erkläre, dass du ihren Bitten häufig nachkommen wirst, wenn sie direkter sind. Gib zu, dass du ihren Forderungen vielleicht nicht immer nachkommst, aber betone, dass es sich lohnt - wenn du dich entscheidest, positiv zu reagieren, wirst du es wirklich tun, dich gut dabei fühlen und sogar noch mehr gewinnen.

6. Sei darauf vorbereitet, Erinnerungsgespräche zu führen und dich mit ihnen in Verbindung zu setzen, wenn sie dich in Zukunft schuldig sprechen (und das werden sie). Es wird Zeit brauchen, sich an eine neue Art der Kommunikation zu gewöhnen.

7. Bewahre während dieses Prozesses einen Geist der Freundlichkeit und Geduld. Das wird sie eher dazu bringen, sich zu ändern, als wenn du ihnen mit Zorn und Hass entgegentrittst, wie berechtigt deine Gefühle auch sein mögen.

SECHS TECHNIKEN ZUR ÜBERWINDUNG DER TÄGLICHEN SCHULDGEFÜHLE

Für viele von uns ist Scham wie ein alter Freund - jemand, den wir bereitwillig hereinlassen und nicht mehr loswerden können.

Schuldgefühle treten auf, wenn unsere Handlungen im Widerspruch zu unseren Zielen und Werten stehen - sei es, dass wir etwas hinauszögern, eine Verpflichtung nicht einhalten oder die Leistung eines anderen anerkennen. Im besten Fall fungieren Schuldgefühle als moralischer Kompass, der uns dazu zwingt, über unsere Handlungen (oder deren Fehlen) nachzudenken und dann positive Veränderungen zu bewirken.

Wenn sich Schuldgefühle jedoch dauerhaft festsetzen, leben wir mit einem Parasiten zusammen, der uns regelmäßig mit Schuld und Scham überschüttet, ohne uns etwas Nützliches zu bieten. Schuldgefühle überschatten die positiven Aspekte unserer Existenz. Sie zehren an unserer Energie und unserem Selbstwertgefühl. Dann beginnen wir, uns selbst unserer besonderen Wünsche und Bedürfnisse zu berauben. Wir entwickeln ein Verhaltensmuster, bei dem wir uns selbst an die letzte Stelle setzen, unsere Schuldgefühle nähren und unser Selbstwertgefühl aushungern, was es uns zunehmend erschwert, unser volles, strahlendes und kreatives Selbst zu sein.

Hier sind fünf verräterische Symptome dafür, dass Schuldgefühle die Qualität deines Lebens untergraben:

- Du meidest bestimmte Personen oder Situationen, weil sie dir peinlich sind.

- Du lehnst Chancen ab, weil du glaubst, dass du sie nicht verdienst.

- Du machst einen Rückzieher oder wirst defensiv.

- Selbst wenn dich niemand herausfordert, rationalisierst du oder suchst nach Ausreden.

- Wenn du die kriminelle Tat in Gedanken immer wieder durchlebst, zehrt das an deiner Stimmung und Energie - und es dauert lange, bis du dich davon erholst.

Drei typische Arten von Schuldgefühlen können uns daran hindern, ein erfülltes Leben zu führen - wenn wir es zulassen.

Anstatt uns ständig selbst zu treten, sollten wir stattdessen die Schuld loswerden. Im Folgenden findest du ein paar Gedanken, die dir den Start erleichtern.

Das Schuld-Genuss-Dilemma

Der Begriff „schuldfrei" wird häufig verwendet: schuldfreies Fernsehen, schuldfreie Desserts, schuldfreies Einkaufen. Immer wenn es um Vergnügen geht, gibt es auch die Möglichkeit, Schuldgefühle zu entwickeln. Wir verweigern uns häufig das, was wir uns wünschen. Denn wir gehen davon aus, dass wir es uns nicht verdient haben. Mit dem zusätzlichen Druck, ein schlechtes Gewissen zu haben, weil wir ja gesagt haben, werden einfache Vergnügungen wie ein Schlummertrunk nach der Arbeit oder ein Ausflug mit Freunden an den Strand zu weniger angenehmen Erfahrungen.

Ironischerweise zeigt die Forschung, dass Schuldgefühle eine ziemlich unwirksame Methode der Verhaltenskontrolle sind. In einer 2013 in der Zeitschrift Appetite veröffentlichten Studie fanden Psychologen heraus, dass Menschen, die Schokoladenkuchen eher mit Schuldgefühlen als mit Glück in Verbindung brachten, es schwerer hatten, ihr Gewicht zu halten und zu reduzieren. Statt als positiver Motivator zu dienen, fördern Schuldgefühle Gefühle von Hilflosigkeit und mangelnder Kontrolle.

Richtlinien für angemessenes Verhalten sind zwar nützlich - ein Glas Wein zum Abendessen ist eine Sache, eine Flasche Wein eine ganz andere -, aber unrealistische Erwartungen, sich niemals etwas zu gönnen, führen zu Misserfolgen. Und einem tristen Dasein.

Beachte die folgenden Vorschläge:

- **Lege geliehene** Überzeugungen **ab**

Wenn du glaubst, dass das, was du erreichen willst, ungerechtfertigt ist, überlege, wer das gesagt hat. Ist die Gesellschaft unerbittlich, dass dies falsch ist? Deine Mutter? Dein Grundschul-Baseballtrainer? Erkundige dich dann nach deinen eigenen Überzeugungen - und respektiere dein Urteil.

- **Berechne die Konsequenzen**

Was sind die Konsequenzen, wenn du nachgibst? Welche Schritte könntest du unternehmen, um die Situation zu verbessern? Wie kannst du zum Beispiel die Tatsache kompensieren, dass die Bestellung eines Desserts dazu führt, dass du von deiner Diät abweichst? Vielleicht ein morgendlicher Ausflug ins Fitnessstudio? (Obwohl du dir das wahrscheinlich nicht zur Gewohnheit machen solltest.)

Die Falle des schlechten Gewissens

Ein schlechtes Gewissen kann wie dein eigenes Alcatraz wirken - steinig, labyrinthisch und undurchdringlich. Allerdings hilft es dir nicht, dich selbst zu bestrafen, indem du darüber nachdenkst, was für ein schrecklicher Mensch du bist. Denn das hilft dir nicht, die schlechte (oder vielleicht gar nicht so schreckliche) Sache, die du getan hast, wiedergutzumachen. Vielmehr wirst du dadurch selbstsüchtig und defensiv. Du hörst auf, dich von deiner besten Seite zu zeigen und betrügst dich selbst und alle um dich herum.

Die Sache ist die: Schuldgefühle ohne Verhaltensänderung sind eine Täuschung. Wenn du etwas falsch gemacht hast - auch wenn das Opfer nur du selbst bist -, erkenne es an. Versuche, den Schaden zu heilen, und nimm dir vor, es nie wieder zu tun. Sobald du dich aus deinem Schuldgefängnis befreit hast, wird deine Welt heller und voller Möglichkeiten sein.

Beachte die folgenden Vorschläge:

- **Selbstvergebung**

Okay, du hast also eine Tat begangen, auf die du nicht stolz bist. Das ist ein Merkmal der Menschheit, aber es macht dich nicht aus. Selbstvergebung erfordert eine neue Perspektive. Wenn du mit einer anderen Person über deine Reue sprichst, lindert das häufig den Stress. Ein großer Teil des Schmerzes verschwindet, wenn du deine Gedanken laut aussprichst, aber das kann nicht in einem einzigen Gespräch geschehen. Außerdem kannst du versuchen, mit dir selbst zu sprechen, als wärst du eine andere Person. Was würdest du zu einer anderen Person in deiner Situation sagen?

- **Befreie dich von deinen Schuldgefühlen**

Wenn du echte Wiedergutmachungsversuche unternommen hast, packe deine Schuldgefühle in eine Kiste und entsorge sie. Schaffe ein Ritual, das dir hilft, dich von deiner Schuld zu trennen - schreibe zum Beispiel eine positive Affirmation oder einen Brief an dich selbst oder verbrenne oder entsorge ein greifbares Relikt, das deine Schamgefühle verkörpert.

Der Schuldgefühle auslösende Perfektionsmythos

Das Schreckgespenst der Perfektion verfolgt uns unser ganzes Leben lang, und Schuldgefühle (das Enfant terrible der Perfektion) tauchen immer dann auf, wenn wir hinter dem zurückbleiben, was wir glauben, sein zu müssen - sei es die Frau, die „alles hat", oder der geradlinige Mann.

Ein Schüler, der darauf fixiert ist, die bestmögliche Note zu erreichen.

Oft entsteht dieses Schuldgefühl aus der Angst heraus, andere zu enttäuschen: Man ist ein mieses Elternteil, weil man eine Schulaufführung verpasst hat; man ist ein schlechter Freund, weil man einen Geburtstag vergessen hat; man verdient es nicht, glücklich zu sein, weil seine konservative Familie das glaubt. Du triffst schlechte Entscheidungen.

Jedes Mal, wenn du das Unerreichbare nicht erreichst, wirst du noch selbstkritischer.

Um den Hass zu lindern, solltest du versuchen, dich wieder auf das zu konzentrieren, was wirklich möglich ist. Und du solltest taktische Strategien entwickeln, um die zahlreichen Anforderungen des Lebens zu bewältigen und Prioritäten zu setzen. Denn wenn Schuldgefühle die Oberhand gewinnen und du versuchst, es allen recht zu machen, machst du es am Ende niemandem recht - vor allem nicht dir selbst.

Beachte die folgenden Vorschläge:

- **Aktiviere die Stummschaltfunktion.**
Wenn du von Schuldgefühlen geplagt wirst, weil du es nicht geschafft hast, alles genau zu erledigen, schalte auf eine positive Stimme um, z.B. statt „Ich habe das Abendessen 15 Minuten zu spät serviert" auf „Ich habe extra Zeit damit verbracht, die Soße zu perfektionieren, die meinen Freunden sicher schmecken wird."

- Übernimm die Verantwortung für deine Misserfolge
Nutze diese Checkliste zur Fehleranalyse, um darüber nachzudenken, was schief gelaufen ist. So kannst du wichtige

Erkenntnisse gewinnen, die dir dabei helfen, eine Wiederholung des Vorfalls zu verhindern. Unsere Fehler können uns helfen, an Weisheit, Intelligenz und Mitgefühl zu wachsen - aber nur, wenn wir aufhören, uns in Scham zu suhlen, und uns für positive Veränderungen entscheiden.

VERZEIHE DIR, DASS DU DICH UM DICH SELBST KÜMMERST, OHNE DICH SCHULDIG ZU FÜHLEN

Wie häufig fühlst du dich wegen deiner Selbstfürsorge schuldig? Schuldgefühle bei der Selbstfürsorge können sich auf unterschiedliche Weise äußern: Du entschuldigst dich dafür, dass du dir Zeit für dich selbst nimmst, fühlst dich nachsichtig mit dir selbst oder schiebst sie zugunsten produktiverer Aufgaben auf.

Unabhängig vom Grund gibt es eine nörgelnde Stimme in deinem Kopf, die dir ein schlechtes Gewissen macht, weil du dich selbst pflegst (sogar egoistisch).

Leider sind Schuldgefühle bei der Selbstfürsorge ein weit verbreitetes Problem. Es gibt fünf häufige Gründe, warum du dich wegen deiner Selbstfürsorge schuldig fühlst. Ich erkläre dir, wie du mit ihnen umgehen kannst, damit du deine Schuldgefühle loswirst.

Und um dir zu helfen, deine Schuldgefühle zu überwinden, lade dir dein kostenloses Exemplar des Essential Self-Care Toolkit herunter, das drei grundlegende Werkzeuge enthält, mit denen du anfangen kannst, dich ohne Schuldgefühle besser um dich selbst zu kümmern.

Warum fühlst du dich bei der Selbstfürsorge schuldig?
Schuldgefühle in Bezug auf die Selbstfürsorge sind zwar weit verbreitet, aber nicht notwendig. Du kannst die Schuldgefühle, die mit der Selbstfürsorge verbunden sind, loslassen.

Das Problem ist, dass Schuldgefühle bei der Selbstfürsorge kompliziert sind - sie haben häufig mehrere Ursachen.

Das heißt, wenn du die Schuldgefühle bei der Selbstpflege überwinden willst, musst du verstehen, warum du dich schuldig fühlst (oder egoistisch, oder als ob du dich entschuldigen müsstest), wann immer du Selbstpflege betreibst.

Lass' uns die fünf häufigsten Ursachen für Schuldgefühle bei der Selbstfürsorge analysieren, damit du endlich ohne Schuldgefühle der Selbstfürsorge Priorität einräumen kannst.

Grund Nr. 1 für Selbstfürsorge-Schuldgefühle: Deine Definition von Selbstfürsorge
Wenn ich Kunden mit Selbstfürsorge-Schuldgefühlen bitte, Selbstfürsorge zu definieren, fällt es ihnen oft schwer, dies zu tun. Sie beginnen mit dem Offensichtlichsten (Bewegung, ausreichend Schlaf und gesunde Ernährung).

Wir können auch feststellen, dass viele Menschen dies als einen Weg definieren, sich besser zu fühlen, in besserer Form zu bleiben und eine Pause von den vielen Verantwortlichkeiten des Lebens zu bekommen. Das Problem mit dieser Definition ist, dass sie sowohl zu restriktiv als auch falsch ist. Außerdem fühlen sich viele Menschen übermäßig verwöhnt (und damit egoistisch), wenn sie versuchen, sich Zeit für sich selbst zu nehmen.

Wie man Selbstfürsorge neu konzipiert (auf die richtige Weise)
Die Wahrheit ist, dass es bei der Selbstfürsorge nicht in erster Linie darum geht, sich gut zu fühlen. Und es hat NICHTS damit zu tun, sich von seinem Leben zu emanzipieren. (Nebenbei bemerkt: Wenn du ständig auf der Suche nach einem Fluchtweg bist, ist das ein Zeichen dafür, dass du dich besser um dich selbst kümmern musst.]

Trägt Selbstfürsorge zu deinem Wohlbefinden bei? Natürlich (sie ist ein wunderbares Nebenprodukt).

Viele Aktivitäten, die sich im Moment gut anfühlen, sind jedoch keine Selbstfürsorge (und können dir auf lange Sicht sogar schaden). Außerdem ist Selbstfürsorge nicht gleichbedeutend mit Nachsicht. Zahlreiche Laster sind ungesund. Und wenn du die Selbstfürsorge als Genuss betrachtest, wirst du nur noch mehr Schuldgefühle bekommen, weil du dir einredest, dass sie nicht notwendig ist (was sie aber ist).

Bei der Selbstfürsorge geht es um das körperliche, geistige, emotionale und spirituelle Wohlbefinden des Einzelnen. Und das ist weder nachsichtig noch selbstverliebt.

Kann ein Besuch im Spa als Selbstfürsorge betrachtet werden? Natürlich (auch wenn ein wöchentlicher Spa-Besuch als Ablasshandel betrachtet werden kann und über den Begriff der Selbstfürsorge hinausgeht).

Es ist wichtig zu erkennen, dass Selbstfürsorge viel einfacher sein kann als das. Oft sind die einfachsten Selbstfürsorgeroutinen auch die effektivsten. Und du kannst dich tadellos pflegen, ohne jemals einen Fuß in ein Spa zu setzen (wirklich). Zu den Selbstfürsorge-Aktivitäten gehören ein 10-minütiger Spaziergang, das Lesen eines Buches und die Kontaktaufnahme mit dem besten Freund.

Grund Nr. 2 für Schuldgefühle bei der Selbstfürsorge: Selbstfürsorge als Nullsummenspiel

Es ist ein weit verbreiteter Irrglaube, dass man, wenn man einer Sache Priorität einräumt, etwas anderes opfern muss. Dies ist mit Kosten verbunden. Dies gilt zwar für verschiedene Dinge, nicht aber für die Selbstfürsorge.

Warum Selbstfürsorge kein Nullsummenspiel ist

Wenn du dich dafür entscheidest, lieber ins Fitnessstudio zu gehen als zur Happy Hour auf der Arbeit, hast du eine Aktivität der anderen vorgezogen. Daher glaubst du vielleicht, dass hier die Nullsummenlogik gilt. Aber ist das wirklich so?

Selbstfürsorge:

- gibt dir die nötige Energie, um bei Bedarf länger zu arbeiten.
- ermöglicht es dir, unter Zwang die Fassung zu bewahren,
- verbessert deine Konzentrationsfähigkeit (und damit deine Fähigkeit, bei der Arbeit und zu Hause möglichst effektiv zu sein), und
- hilft dir, deine Gefühle unter Kontrolle zu halten.

Du wirst besser in der Lage sein, mit dem wichtigen beruflichen Problem umzugehen (das dich seit einer Woche nervt, weil du zu erschöpft bist, um kreativ zu denken). Außerdem ist die Wahrscheinlichkeit geringer, dass du deine Kinder und deinen Ehepartner abends aufgrund von Stress anschnauzt.

Angemessene Selbstfürsorge befähigt dich, anderen zu dienen, etwas zu erreichen und mehr zu geben (sowohl persönlich als auch beruflich).

Wie du deine Gleichung der Selbstfürsorge änderst, indem du sie von deiner To-Do-Liste streichst

Das Problem ist, dass die meisten Menschen die Selbstfürsorge als eine weitere Aufgabe betrachten, die sie ihrer (ohnehin schon langen) To-Do-Liste hinzufügen müssen. Es scheint eine lästige Pflicht zu sein.

Die Gleichung, die du derzeit verwendest, lautet wie folgt (in der Reihenfolge der Priorität):

ARBEIT + FAMILIE + AUFGABEN + ANDERES (einschließlich Selbstfürsorge)

Da die Selbstfürsorge an letzter Stelle steht, wird sie selten wahrgenommen. Und sie ist das ERSTE, was du beiseiteschiebst, wenn du unter Zeitdruck stehst.

Die Wahrheit ist, dass die Selbstfürsorge vor der Anwendung dieser Gleichung erfolgen muss. Alles andere, sogar deine To-Do-Liste, sollte in den Hintergrund treten.

Außerdem geht es bei der Selbstfürsorge nicht so sehr darum, Dinge zu tun. Es ist in erster Linie eine Frage der Einstellung... eine Art zu leben und zu sein.

Ich weiß, dass schon der Gedanke daran, sich selbst an die erste Stelle zu setzen, einen Angstanfall auslösen kann. Schließlich hat man uns beigebracht, dass es egoistisch ist, sich selbst an die erste Stelle zu setzen (vor allem, wenn man Eltern ist).

Frage dich, wie gut du dich um andere kümmern kannst, wenn du dich nicht zuerst um dich selbst kümmern kannst. Egoismus zeigt sich bei denjenigen, die von anderen abhängig sind.

Wenn du also die Selbstfürsorge vernachlässigst, bist du selbstsüchtig! Wie wäre es mit einem wahrhaft monumentalen „Aha"-Moment?

Grund Nr. 3 für Selbstfürsorge-Schuldgefühle: Erfolg wird als Errungenschaft beschrieben

Für die meisten Menschen ist Erfolg definiert als eine Liste von Erfolgen. Es geht in erster Linie darum, seine Ziele zu erreichen und bestimmte Kennzahlen zu erfüllen.

Und das ist ein Dilemma, denn...

Harte Arbeit ist keine Garantie für Erfolg (oder die Qualität deines Plans)

Das Leben ist nicht fair, und zahlreiche Faktoren, auf die du keinen Einfluss hast, können deinen Erfolg beeinflussen. Obwohl dein Beitrag das Ergebnis beeinflusst, ist er nur ein kleiner Teil der Gleichung.

Inwiefern ist die Selbstfürsorge an all dem schuld?

Wenn du Erfolg als etwas definierst, das hauptsächlich auf Leistung (und damit auf deinem Beitrag) beruht, konzentrierst du dich in erster Linie auf die Faktoren, die du nicht kontrollieren kannst, was zu Frustration, erhöhter Anstrengung und erhöhtem Output führt, so dass du wahrscheinlich das Gefühl hast, etwas Konstruktiveres zu tun, als dich zu entspannen.

Du hast die volle Kontrolle über dich selbst

Während die meisten Menschen der Meinung sind, dass das Leben ungerecht ist, ist es schwierig, sich nicht dagegen zu wehren und so zu tun, als ob das Leben gerecht sein sollte.

Das Problem ist, dass das Leben nicht gerecht ist und niemals gerecht sein wird. Die Gesellschaft besteht aus fehlerhaften, urteilenden und voreingenommenen Menschen, was bedeutet, dass wahre Gerechtigkeit niemals eintreten wird.

Egal, wie hart man arbeitet oder wie viel man sich wünscht, man wird es nicht immer bekommen. Andere bemühen sich vielleicht mehr oder haben einfach Glück. Manchmal werden Einzelne aktiv gegen dich arbeiten.

Erfolg sollte nicht am Output, sondern am Input gemessen werden (d. h. an allem, von deinem Verhalten über deine Produktivität bis hin zu deiner Selbstfürsorge und deinen zwischenmenschlichen Interaktionen).

Denk' daran, dass der Versuch, fairer zu sein (oder das Leben anderer zu verbessern), nicht die beste Strategie ist; es ist einfach nicht der beste Ansatz, sich ausschließlich auf Fairness zu konzentrieren. Die Konzentration auf den Input führt zu besseren Ergebnissen und ermöglicht es dir, Erfolg neu zu definieren, so dass du glücklich sein kannst, während du auf etwas Besseres hinarbeitest (auch wenn das Ergebnis vielleicht nicht garantiert ist oder du scheitern könntest). Es ist möglich, die Selbstfürsorge in diese neue Definition von Erfolg einzubeziehen (du kannst einen wertvolleren Beitrag leisten, wenn du dich gut um deine Gesundheit kümmerst).

Die Art und Weise, wie du Erfolg siehst, wirkt sich auf dein Selbstverständnis (und damit auf deinen Selbstwert) aus.

Wenn du Erfolg in Form von Erfolgen definierst, wird dein Ergebnis auch überwiegend deinen Selbstwert bestimmen. Außerdem glaubst du dann weniger, dass du Selbstfürsorge verdienst.

Die Sache ist die folgende:
Wenn du dich selbst wertschätzt, wirst du dich um dich kümmern. Sich um sich selbst zu kümmern, hat einen positiven Nebeneffekt. Es steigert dein Selbstwertgefühl, dein Selbstbewusstsein und dein Selbstvertrauen.

Außerdem hilft es dir, geistig präsenter zu sein, was für viele Leistungsträger ein großes Problem darstellt und sich auf dein Selbstwertgefühl auswirkt. Wenn du deine Gesundheit vernachlässigst, wirst du weniger produktiv sein.

Dies zeigt, dass eine gute Selbstfürsorge zu einem gesteigerten Selbstwertgefühl und einer optimistischeren Einstellung zum Leben führt.

Leistungsorientierter Erfolg verkompliziert die Dinge
Selbstfürsorge wird sehr schwierig, wenn du leistungsorientiert bist, da du auf Messungen fixiert wirst. Das führt dazu, dass du jede Kalorie, die du zu dir nimmst, kontrollierst, dich über die Anzahl der Schritte aufregst, die du täglich machst, und dich jeden Morgen wiegst.

Das ist nicht nur übertrieben, sondern gibt dir auch das Gefühl, eine Pflicht zu haben, die du verachtest, aber dennoch erfüllen musst.

Würdest du die Selbstfürsorge nicht lieber als etwas betrachten, das du ganz natürlich in deinen Tag einbaust, um dich wohlzufühlen?

Grund Nr. 4 für Schuldgefühle bei der Selbstfürsorge: Du fühlst dich gezwungen, Ja zu sagen (zu allen außer zu dir selbst)

Viele meiner Kunden machen sich darüber Sorgen. Sie fühlen sich gezwungen, Ja zu sagen - vor allem, wenn sie gebeten werden, eine Fähigkeit oder ein Talent einzusetzen, das sie besonders gut beherrschen. Und das gilt vor allem dann, wenn der Einzelne es großzügig anwendet.

Das Problem ist, dass man sich nicht zu etwas verpflichten muss, nur weil man glaubt, dass man es gut (oder sogar besser als jemand anderes) machen kann. Gelegentlich ist es das Beste, Nein zu sagen und die Person selbst herausfinden zu lassen.

Die Zeit ist gekommen, Nein zu sagen

Ich bin mir bewusst, dass Grenzen selbst die selbstbewusstesten Menschen nervös machen können. Es ist einfach zu definieren, wohin sie gehen sollen, aber schwieriger, sie umzusetzen, weil man dazu Nein sagen muss.

Beim Nein-Sagen geht es nicht um das Wort „Nein", wie manche vielleicht glauben. Grenzen dienen dazu, deine Prioritäten zu schützen und dein Wohlbefinden zu erhalten. Und daran ist nichts Falsches (oder Schlechtes am Nein aus diesen Gründen).

Indem du feste Grenzen setzt und durchsetzt, zeigst du, dass du dich selbst respektierst.

Zu jemandem Nein zu sagen, bedeutet gleichzeitig, Ja zu sich selbst und zu denen zu sagen, die dir am meisten am Herzen liegen. So wirst du die beste Version von dir selbst sein und anderen so weit wie möglich dienen können.

Grund Nr. 5 für Schuldgefühle bei der Selbstfürsorge: Deine Zeit ist nicht dein Eigentum

Deine Zeit ist wertvoll. Sie gehört dir (niemandem sonst - und ich meine niemandem sonst).

Hör auf, deine Zeit zu verschwenden, als ob sie unendlich wäre. Denn das ist sie nicht. Wenn du sie einmal vergeudet hast, bekommst du sie nie wieder zurück.

Übernimm die Kontrolle über deine Zeit, indem du ein Zeitprotokoll führst

Wenn Kunden mir sagen, sie hätten keine Zeit, verlange ich von ihnen, dass sie ein wöchentliches Tagebuch führen. Darin wird alles festgehalten, was sie tun, und wie lange sie dafür brauchen (z. B. die Zeit, die sie in den sozialen Medien verbringen, während des Essens E-Mails abrufen oder für einen Kaffee vom Schreibtisch aufstehen).

Obwohl sie diese Praxis verachten (sie ist mühsam), sind sie immer wieder überrascht, wie viel Zeit sie vergeuden, wie viel Zeit sie mit geliebten Menschen verbringen (die sie unterschätzt haben) und zu was sie ja sagen, was sie nicht tun sollten.

Diese einfache Übung ermöglicht es den Menschen, ihre Sichtweise auf die Zeit, die Art und Weise, wie sie ihre Zeit verbringen, und die Dinge, zu denen sie Ja sagen, zu ändern.

Ich möchte, dass du diesem Beispiel folgst. Führe eine Woche lang Buch über alles, was du tust und wie viel Zeit du damit verbringst. Führe ein laufendes Protokoll. Denk' am Ende der Woche darüber nach, wie du deine Zeit verbracht hast (Achtung: es wird dich schockieren).

Viele Menschen verbringen ihre Zeit mit Aktivitäten, die als Zeitfresser bekannt sind, wie z. B. das Surfen in den sozialen Medien. Dies sind zwar wichtige Zeitfresser, die es zu beseitigen gilt, aber es gibt auch andere (weniger offensichtliche), wie z. B.

Unterbrechungen durch Kollegen oder das Lesen irrelevanter E-Mails.

Gehe sorgfältig mit deiner Zeit um, schütze sie und behandle sie mit der Ehrfurcht, die sie verdient.

Die folgenden Schritte führen zu einer schuldfreien Selbstfürsorge

Die Selbstfürsorge wurde von einer ganzen Reihe von #Selbstfürsorge-Wahrsagern in den sozialen Medien in Beschlag genommen, die mit zuckersüßen Slogans und Memes aufwarten, aber keine Hinweise darauf geben, WIE man für sich selbst sorgen kann, ohne sich schuldig zu fühlen.

Um Selbstfürsorge-Schuldgefühle zu überwinden, sind drei Dinge erforderlich:

- Eine prägnante Beschreibung der Selbstfürsorge.

- Ein Verständnis dafür, WIE man damit beginnt, ihr Priorität einzuräumen.

- Ein effektives Unterstützungssystem (an das du dich wenden kannst, um Hilfe, Anleitung und Verantwortung zu erhalten).

Wir haben bereits einen Teil von Punkt Nr. 1 (und einen Teil von Punkt Nr. 2) besprochen. Für die restlichen Punkte benötigst du dein kostenloses Exemplar des Essential Self-Care Toolkit, das du hier erhältst:

Es ist wichtig, einfach anzufangen. Vergiss nicht, dass Selbstfürsorge nicht schwierig sein muss. Im Folgenden wird erklärt, wie du am besten anfängst:

Selbstfürsorge ohne Schuldgefühle Schritt 1: Bestimme, was du brauchst

Es ist schwierig zu wissen, wohin du deine Aufmerksamkeit lenken sollst, wenn du unsicher bist, wo du dich gerade befindest. Einfach gesagt, bist du in bestimmten Bereichen stärker als in anderen.

Vielleicht genießt du es, Sport zu treiben, aber dein Verstand rast häufig (und ist selten konzentriert). Bei der körperlichen Selbstfürsorge läuft es gut, aber bei der geistigen nicht so gut.

Um deine Bemühungen zu priorisieren, musst du zunächst entscheiden, wo du auf dem Spektrum der Selbstfürsorge für verschiedene Aspekte der Selbstfürsorge stehst. Außerdem solltest du daran denken, dass es sich nicht um ein einmaliges Ereignis handelt. Was du brauchst, ändert sich täglich, abhängig von deinen Umständen und den Ereignissen um dich herum (sogar in der Welt). Es ist wichtig, dass du dich regelmäßig selbst überprüfst, um festzustellen, was du wirklich brauchst.

Schritt #2 der schuldfreien Selbstfürsorge: Bestimme, was funktioniert (und was nicht)

Es ist erstaunlich, wie viele Menschen Aufgaben zur Selbstfürsorge ausführen, die sie nicht mögen (weil sie glauben, dass sie dazu verpflichtet sind). Wenn du nicht gerne läufst, dann vermeide es. Wenn es dir wie mir geht und du dich schnell langweilst, kannst du auch verschiedene Übungen wie Krafttraining, Walking, HIIT-Training und Yoga einbauen.

Der Trick besteht darin, herauszufinden, welche Aktivitäten für dich zur Selbstfürsorge gehören. Das ist es, was ich mit „den eigenen Selbstfürsorgestil kennen" meine. Experimentiere mit neuen Dingen. Überlege, welche täglichen Handlungen als Selbstfürsorge gelten könnten (die du nicht in Betracht ziehst) und welche Strategien du anwenden könntest, um Selbstfürsorge einfach in deine regelmäßigen Aktivitäten einzubauen.

Ich habe zum Beispiel herausgefunden, dass meine Jungs für Gespräche (über echte Themen) im Auto aufgeschlossener sind. Deshalb fahre ich sie so oft wie möglich zur Schule und zum Baseball. Für Dies gilt vielleicht nicht für alle als Selbstfürsorge, aber für mich schon. Es hält mein geistiges und seelisches Wohlbefinden aufrecht.

Selbstfürsorge ohne Schuldgefühle Schritt Nr. 3: Einfache, flexible Routinen und Gewohnheiten einführen

Jetzt ist es an der Zeit, das in den Schritten 1 und 2 erworbene Wissen anzuwenden. Beginne damit, ein paar einfache Gewohnheiten zu entwickeln, die dich dort unterstützen, wo du es am meisten brauchst. Ich empfehle, mit den folgenden zu beginnen:

- ein Morgenritual, das dir helfen kann, den ganzen Tag über konzentriert und energiegeladen zu bleiben; und

- ein Abendritual, das dir hilft, dich zu entspannen und auf den Schlaf vorzubereiten.

Bleib bei grundlegenden und anpassungsfähigen Routinen. Nehmen wir zum Beispiel an, dein Morgenprogramm besteht aus Sport und Meditation. Wie viel Zeit du für diese beiden Aktivitäten aufbringst, variiert von Tag zu Tag. An Tagen, an denen du viel Zeit und Energie hast, machst du vielleicht zehn Minuten Dehnübungen und eine Stunde Krafttraining. Und deine Meditation kann zwischen drei und fünfzehn Minuten dauern.

Sobald du ein Gefühl der Vertrautheit entwickelt hast, kannst du deine Routine erweitern, indem du weitere Gewohnheiten am Arbeitsplatz und zu Hause entwickelst. Achte außerdem darauf, dass du alle Facetten der Selbstfürsorge (geistig, körperlich und spirituell) berücksichtigst. Ziehe unkonventionelle Lösungen in Betracht!

Denk' daran, dass es für mich eine Form der Selbstfürsorge ist, mich mit meinen Jungs im Auto zu unterhalten.

Es handelt sich um eine Lebensweise (und nicht unbedingt darum, einen Haufen Dinge in den Tag zu integrieren). Im Folgenden findest du ein paar Aktivitäten, die ich als Teil meiner Selbstfürsorge betreibe (die du vielleicht nicht als Selbstfürsorge betrachtest):

- Laufen oder Wandern mit meinen Jungs (sie fahren normalerweise mit dem Fahrrad, während ich laufe oder gehe);

- Mit meinen Söhnen draußen Fußball spielen;

- Teilnahme an einem wöchentlichen Spieleabend (das hält geistig gesund, macht Spaß und gibt dir und deinen Lieben Zeit, sich zu unterhalten und Spaß miteinander zu haben); und

- gemeinsam als Familie nahrhafte Mahlzeiten zu kochen.

Schritt Nr. 4: Ein Unterstützungssystem für schuldfreie Selbstfürsorge einrichten

Du brauchst eine Kombination aus Menschen und Ressourcen (z. B. ein Kalendersystem und Apps), die dir dabei helfen, auf

Kurs und produktiv zu bleiben. Überlege dir, wem du vertraust, um liebevoll offen mit dir zu sein (und wem du zuhören wirst), wenn es um andere geht. SCHLIEßE NIEMANDEN EIN, DER BEI DIR EINE EMOTION AUSLÖST ODER DER AN DEINEM ERGEBNIS INTERESSIERT IST.

Überlege außerdem, wie du ein natürliches Unterstützungssystem in deine regelmäßigen Selbstfürsorgeroutinen und Verhaltensweisen einbauen kannst. Mein jüngster Sohn fährt zum Beispiel gerne mit dem Fahrrad neben mir her, wenn ich gehe oder laufe. Als wir damit anfingen, versprach ich ihm, dass wir damit weitermachen würden (und legte einige Richtlinien fest, wann wir das regelmäßig tun würden). Natürlich gibt er mir Bescheid, wenn es Zeit für unseren Spaziergang ist.

Vermeide es, zu viel über die Unterstützung nachzudenken, die du brauchst, aber vermeide auch, diesen Schritt zu ignorieren.

Sich um sich selbst zu kümmern, muss nicht schwierig oder zeitaufwendig sein. Außerdem sollte sie beim Empfänger keine Gefühle von Scham oder Egoismus hervorrufen.

Mit Hilfe der oben genannten Erkenntnisse kannst du deine Selbstfürsorge überdenken und neu formulieren. So kannst du aufhören, dich für deine Selbstfürsorge schuldig zu fühlen und stattdessen DICH in den Vordergrund stellen.

ZUSAMMENFASSUNG

Es gibt einen großen Unterschied zwischen „ehrlichen Fehlern", die von Menschen gemacht werden, und solchen, die von unehrlichen, manipulativen und sogar betrügerischen Menschen gemacht werden. Kinder lernen in der Regel den nicht ganz so subtilen Unterschied zwischen Fehlern, die sie machen, und solchen, die sie manipulativ mit Halbwahrheiten, Auslassungen und Unwahrheiten verbergen. Wenn jemand trügerisch, hinterhältig oder betrügerisch handelt, wird das zwischenmenschliche Vertrauen, das in diese Person und diese Verbindung investiert wurde, verletzt und beschädigt, manchmal irreversibel und manchmal nicht.

Es ist eine Sache, Fehler zu machen, was Menschen täglich tun, falls du es noch nicht bemerkt hast. Das ist eine Sache; darüber zu lügen ist eine ganz andere! Wenn du lügst, kann ich dir einfach nicht vertrauen. Andernfalls ist die Sache gelaufen; ich bin getäuscht worden, teilweise aufgrund meines falschen Vertrauens, meiner dummen Naivität und meiner Leichtgläubigkeit. Sagen wir, dass das nicht gut ist. Es gibt keine Möglichkeit, das zu klären, solange die Umgebung unehrlich ist und manipulativ lügt, um irgendwohin zu kommen oder was auch immer. Ich habe keine andere Wahl, als mich von dir fernzuhalten, bis du vertrauenswürdig wirst. Wie bei schlechten Krediten wird der Aufbau von guten Krediten im

Laufe der Zeit dazu beitragen, dass die schlechten Kredite verschwinden, während du deinen Kredit wieder aufbaust. Der Rest dieses Aufsatzes befasst sich mit „ehrlichen Fehlern", die von Menschen gemacht werden, und mit deren Behebung.

Was kann man in einer Welt tun, die von Verletzungen, Irrtümern, Patzern und Fehlern nur so wimmelt? Der altehrwürdige und ausgetretene Weg besteht darin, jemand anderem die Schuld und den Fehler zuzuschieben. Dadurch wird man von der Verantwortung befreit, und als Bonus kann man den Ochsen eines anderen aufspießen und aufschlitzen. Welch eine Freude! Der erste Dominostein, der fällt, sind in der Regel Schuld und Scham, gefolgt von Vergeltung für den Täter und seine schrecklichen Verbrechen. Danach wird dieser Kreislauf endlos wiederholt. Das ist der Plan eines Verrückten, bei dem unser Ego oder unser Verstand die Rolle eines fiktiven Selbst oder einer illusorischen Vorstellung davon übernimmt, wer wir glauben zu sein. Seine Anwesenheit auf diesem Planeten hat eine lange und traurige Geschichte.

Es ist ein wahrhaft erleuchtender Moment, wenn man versteht, dass keiner der nachfolgenden Dominosteine fallen wird, wenn nicht der erste fällt. In ähnlicher Weise ist der Schlussstein einer Brücke ausschlaggebend für die Integrität des Bauwerks, und der erste Dominostein in einer Reihe von fallenden Dominosteinen hat die Macht über alle anderen. Mit ihm steht sie, ohne ihn fällt sie. Ändere die Art und Weise, wie du Missgeschicke kognitiv aufbewahrst und wahrnimmst, egal ob du sie als Verletzung, Fehler, Patzer oder Panne bezeichnest, und der erste Dominostein wird unwiderruflich verändert. Ändere einfach den Fokus von Schuld und Tadel auf Verantwortlichkeit, genauer gesagt auf die Übernahme deines

Anteils an der Verantwortung, und das ganze Muster dreht sich ins Positive.

Wenn du deinen echten Anteil an der Verantwortung übernimmst, egal ob es 1 % oder 100 % ist, wenn etwas schief geht, gibt es keinen Grund für Schuldgefühle oder Demütigungen und noch weniger Grund, jemanden zu verprügeln! Verantwortung bedeutet übersetzt „Reaktionsfähigkeit" oder die Fähigkeit, zu reagieren oder auszuwählen. Die wunderbare Möglichkeit besteht darin, die Fähigkeit zu reagieren und zu wählen in das Leben einzubringen, sowohl wenn es gut läuft als auch wenn es nicht so gut läuft. Man könnte dies sogar als erwachsenes Verhalten bezeichnen. Erwachsenes Verhalten kann in jedem Alter auftreten. Und es ist erstaunlich, dass man es in jedem Alter entdecken kann.

Betrachte die Schuld als ein Gefühl des Schreckens über etwas, das du getan hast und das falsch oder verletzend war. Besser gesagt, als das Gefühl des Ekels, das mit negativem Denken verbunden ist. Existenzielle Scham ist also eine fiktive Empfindung oder ein fiktives Gefühl. Scham ist die Überzeugung, dass man ein lausiger, schrecklicher oder böser Mensch ist, begleitet von einem Gefühl des Ekels und einer negativen mentalen Bewertung.

Existentielle Schuldgefühle sind eine Reaktion auf tatsächliche Schäden, wie körperliche, kognitive, emotionale oder zwischenmenschliche Verletzungen. Für eine gesunde Entwicklung ist es von entscheidender Bedeutung, Schuldgefühle zu überwinden und mit ihnen Frieden zu schließen. Hier sind zwei entscheidende Elemente, die als einfacher Lackmustest für existenzielle Schuld dienen: (1) die Feststellung, dass die Handlung falsch ist, wie z. B. Mord, und (2) die Feststellung des tatsächlich begangenen Schadens, wie z. B. eine Verletzung oder ein Verstoß. Meiner Ansicht nach gibt es nicht viel, was als ethisch falsch angesehen werden kann, selbst im Extremfall eines Mordes, und nicht viel, was als tatsächlicher Schaden angesehen werden kann, der typischerweise begangen wird. Wenn du dir eines von beidem bewusst bist, handelt es sich um existenzielle Schuld; es ist keine Frage der Absicht. Der Stachel wird jedoch gemildert, ohne dass eine Absicht zur Schädigung vorliegt. Was auch immer geschehen ist, stellt im Allgemeinen keine existenzielle Schuld dar. Es handelt sich vielmehr um eine „eingebildete Schuld", bei der man glaubt, etwas Falsches getan zu haben, was aber nicht der Fall ist. Sie haben nie nachgesehen, um das zu überprüfen. Innezuhalten, um sich selbst zu überprüfen, ist entscheidend, um zu vermeiden, dass man etwas mit sich herumträgt, das einem nicht gehört.

Bei den meisten Menschen schätzt man, dass von allen Schuldgefühlen, die sie mit sich herumtragen und weiter anhäufen, vielleicht höchstens 10 % und weniger als 1 % als Schuld für ein Fehlverhalten oder eine direkte Verletzung gelten. Der Rest sind eingebildete Schuldgefühle, die es wert sind, anerkannt zu werden, loszulassen und das Selbstwertgefühl wiederzuerlangen. In solchen Situationen kannst du dich freuen, wenn du mehrmals mutig „Abbrechen und löschen" sagst und es sofort durch einen selbstbestätigenden Satz ersetzt, wie „Ich weiß, dass ich nichts Böses getan habe, dass ich ein guter Mensch bin und dass ich etwas bewirken kann". In solchen Situationen kann jeder von uns realistischerweise aufatmen.

Welche Möglichkeiten hast du, wenn sich nach einer Überprüfung mit der Realität herausstellt, dass du oder jemand anderes eine Tat begangen und Schaden angerichtet hat, für die du nun existenzielle Schuldgefühle hast? Ein grundlegender Weg, die Schuld aufzulösen und Frieden mit ihr zu schließen, also die Erfahrung zu vollenden, kann für die Wiederherstellung gesunder Beziehungen zu sich selbst und zu anderen äußerst nützlich sein. Dies hilft bei der Heilung von Wunden, die die Integrität, Vertrauenswürdigkeit, Ehrlichkeit und die Beziehungen einer Person betreffen. Hier sind fünf notwendige Schritte sowie zwei optionale Schritte, um dies vollständig zu erreichen:

1. Erkennen: Um zu beginnen, musst du aufwachen, dir bewusst werden und dein Verhalten beobachten, wenn Verletzungen oder Fehler auftreten. Finde heraus, ob dein Verhalten, einschließlich deiner Worte, Einstellung und Körpersprache, zu den nachfolgenden Herausforderungen beiträgt. Überlege dir Folgendes: „Ist mein Verhalten ungesetzlich, z. B. Mord?" und „Hat mein Handeln direkt oder indirekt dazu geführt, dass ein anderer verletzt wurde oder einen Verstoß begangen hat?" Wenn du eine der beiden Fragen bejahst, hast du den Schaden, zu dem du beigetragen hast, anerkannt. Dies ist der entscheidende Schritt der Anerkennung oder des Bewusstseins. Ohne diesen entscheidenden Schritt wird nichts anderes geschehen. „Ich erkenne/sehe/erkenne diese Verletzung an", kannst du sagen.

2. Rechenschaftspflicht: Bekenne dich öffentlich zu deiner Verantwortung für den Schaden, der durch deine Handlungen entstanden ist oder von ihnen beeinflusst wurde. Sprich deine Verantwortung direkt gegenüber der verletzten Person oder den verletzten Personen aus; sage:

„Ich habe das getan; ich bin dafür verantwortlich." Dies ist ein hervorragender Ort, um zu verweilen, der anderen Person in die Augen zu sehen und langsam, aufrichtig und erneut zu erklären, was du getan hast und die Verantwortung dafür zu übernehmen.

3. Zusage: Gebe eine zweiseitige Verpflichtung und dein Ehrenwort ab, diese schädliche Handlung nicht zu wiederholen und dich zu verpflichten, in Zukunft nur noch gute, verantwortungsvolle Handlungen auszuführen; sage: „Ich schwöre dir, dass dies nie wieder passieren wird und ich von nun an nur noch diese wunderbaren, verantwortungsvollen Dinge tun werde." In der Regel wird diese wichtige Phase übersprungen. Personen, die eine solch starke zweiseitige Verpflichtung erhalten, sind häufig überglücklich.

4. Reparieren: Erfahre, was du tun musst, um den Schaden zu beheben und die Dinge wieder in Ordnung zu bringen, z. B.: „Ich möchte das mit dir in Ordnung bringen; was kann ich jetzt tun, um die Sache vollständig hinter uns zu lassen?" Oft reicht es schon aus, wenn du deine Besitztümer erklärst. Um das zerstörerische Ereignis zu beenden und euch beide hinter Gitter zu bringen, kann der Verlust von Eigentum verlangt werden. Gelegentlich kann es angebracht sein, der verletzten Person oder Gemeinschaft irgendwie zu helfen. Nachdem alles ehrlich ausgedrückt wurde, kann sich die Person, die die Verletzung begangen hat, erkundigen, ob die betroffene Person zufrieden ist. Dies ist häufig der Fall.

5. Loslassen: Da die Reparatur aus Sicht des Geschädigten abgeschlossen ist, ist diese Episode nun beendet; frage: „Ist

das jetzt für dich abgeschlossen?" Wenn dies der Fall ist, fantastisch! Dann können wir beide die Sache schnell hinter uns lassen. Leider gibt es Menschen, die gut darin sind, einen Groll zu hegen, und die den Vorfall nie loslassen werden. Meiner Erfahrung nach ist das zum Glück eher selten der Fall. Wenn dies der Fall ist, ist es angebracht, dem Grollträger mitzuteilen, dass der Vorfall für dich vorbei ist, indem du sagst: „Nun, für mich ist es vorbei, und du kannst weiter daran festhalten, wenn du willst." Solange das schädliche Verhalten, einschließlich des Suchtverhaltens, nicht wiederholt wird, ist es „tabu", es während eines Streits anzusprechen. Durch die Schlussfolgerung und den Abschluss dieses Vorgangs wird die Möglichkeit, das Verhalten in der Diskussion anzusprechen, praktisch ausgeschlossen, es sei denn, die schädlichen Aktivitäten werden wiederholt. Wenn jemand sein Wort gehalten hat und die andere Partei ein altes Problem zur Sprache bringen will, das schon lange nicht mehr zur Sprache gekommen ist, wird dies als „Herunterspielen" bezeichnet und wirft ein schlechtes Licht auf den Täter. In der Tat liegt es nun an ihm, dieses Versäumnis zu korrigieren! Wenn die gefährliche Partei jedoch ihr schädigendes Verhalten wieder aufnimmt, ist es vernünftig und akzeptabel, dies im Zusammenhang mit einer früheren Begehung dieser Taten zu betrachten.

Manche Menschen mit religiösem oder moralischem Hintergrund wünschen sich vielleicht, dass derjenige, der den Schaden verursacht hat, sein Bedauern ausdrückt. Wenn du das aufrichtig sagen kannst, ist das in Ordnung. Du findest es vielleicht angemessener, wenn du sagst, dass du dich schlecht fühlst, was du getan hast, ein positiverer Tonfall. Die geschädigte Partei hält vielleicht auch eine Entschuldigung und eine Bitte um Vergebung für notwendig. Erwäge, einen oder beide der folgenden Schritte durchzuführen, je nachdem, was für die verletzte Person in jedem Szenario angemessen ist. Es kostet dich fast nichts; alles, was du dafür brauchst, ist deine Ehrlichkeit und der Wunsch, den Vorfall vollständig hinter dir zu lassen. Es ist ein kleiner Preis für ein so erstaunliches Ergebnis. In der Tat ist es ein ausgezeichnetes Angebot für alle.

1. Du kannst dein Bedauern über deine Tat und den Schaden, den du verursacht hast, ausdrücken, indem du sagst: „Ich fühle mich schrecklich / Ich fühle mich nicht gut wegen dem, was ich getan habe." „Jetzt, wo ich mir der Konsequenzen bewusst bin, bereue ich die Tat."

2. Entschuldige dich mündlich und bitte um Vergebung für das, was du gesagt oder getan hast. Äußere dich ausdrücklich zu dem betreffenden Thema. „Ich entschuldige mich und bitte um Verzeihung, dass ich gesagt/getan habe...".

Einigen Autoritäten zufolge ist es besser, mit der Wahrheit zu sterben, als nie ein Schuldbekenntnis abzulegen, um zu verhindern, dass andere zu Schaden kommen. Gelegentlich kann es, wie bei früheren Affären, nichts Positives bringen, wenn du heute die Wahrheit sagst, vor allem, wenn das Verhalten schon vor langer Zeit aufgehört hat und du dich ehrlich geändert hast und gereift bist. Du musst zwischen dem potenziellen Schaden für die geschädigte Partei, der sich aus deinem heutigen Eingeständnis und den Schritten zur Bereinigung ergeben könnte, und dem potenziellen Schaden abwägen, der sich daraus ergeben könnte, dass du den

Vorfall nicht eingestehst, zu ihm stehst und ihn bereinigst, weil er so lange zurückliegt und unter anderen Umständen stattgefunden hat, und wie weit du seitdem gewachsen bist und die schädliche Handlung nicht wiederholt hast. Ständige Wachsamkeit und Sorgfalt sind notwendig, um zu verhindern, dass man ein Fehlverhalten rationalisiert, um sich wohler zu fühlen, potenziellen Konflikten aus dem Weg geht und seinen Verpflichtungen nicht nachkommt.

Die schwierigsten Entscheidungen sind nicht die zwischen richtig und falsch, sondern die schwierigsten, schwierigsten, verworrensten Optionen sind die zwischen zwei Möglichkeiten. Du kannst die bestmöglichen Entscheidungen treffen, indem du einfühlsame Überlegungen anstellst, vorsichtig abwägst und dich von seriösen Mentoren/Beratern, einschließlich des dir innewohnenden Göttlichen, leiten lässt. Es ist zwar unvermeidlich, dass du in diesem Leben Fehler machst, aber es ist äußerst vorteilhaft, Zugang zu mächtigen, effektiven Werkzeugen zu haben, die es dir ermöglichen, diese Fehler aufzuarbeiten und Schuldgefühle dauerhaft zu beseitigen, immer und immer wieder, bis nichts mehr übrig bleibt. Wenn du dich dazu verpflichtest, dies immer und immer wieder zu tun, kannst du die natürliche Gelassenheit, die alltägliche Zufriedenheit und die Erhabenheit des gegenwärtigen Augenblicks vollständig zurückgewinnen und in schuldfreier Ruhe verweilen und leben.

Danke, dass du meinen Gedanken zugehört hast.

Wenn dir dieses Buch gefallen hat und du gerne über andere Themen lesen möchtest, die mein Leben verändert haben, dann schau dir meine neuen Bücher auf Amazon oder meiner Website an: www.my-mindguide.com.

Lasst uns auch über die sozialen Medien in Verbindung bleiben. Bitte sende mir eine Nachricht auf Facebook oder Instagram, und halte dich auf dem Laufenden! Du kannst mir auch gerne direkt deine Gedanken mitteilen: gassner@my-mindguide.com. Im Gegenzug schicke ich dir eine wunderschöne Infografik, die du ausschneiden und einrahmen kannst.

Bitte schreibe auch eine Rezension auf Amazon, denn so kann ich ein noch größeres Publikum erreichen. Vielen Dank für deine Zeit, deinen Einblick und deinen unermüdlichen Wissenshunger!

Ich möchte mich bei all meinen Kollegen, Kunden, Freunden und Familienmitgliedern bedanken, die alle dazu beigetragen haben, was ich heute bin.

Ich möchte mich auch bei Gabriel Palacios bedanken, dem König der Hypnotherapie und Schweizer Bestsellerautor, der diesem alten Fuchs neue Tricks beibrachte und mich tief in das Geheimnis der Hypnotherapie eintauchen ließ. Ich habe auf dieser Reise so viel gelernt, dass ich jetzt selbst ein zertifizierter Master-Hypnose-Coach und Gesprächscoach bin!

Außerdem möchte ich mich bei den fantastischen Lehrern von SAMYANA/Bali bedanken, die mich zu einem zertifizierten Yoga- und Meditationslehrer ausgebildet haben.

Nicht zuletzt gilt mein besonderer Dank meinem Meisterlehrer Eckhard Wunderle, der für mich fast ein Heiliger ist. Er hat mich in die Welt der Meditation eingeführt und mich all die Wunder, die sie zu bieten hat, entdecken lassen. Ich könnte nicht stolzer sein, dass ich meine Zertifizierung als Meditationslehrer direkt von ihm am Institut für Spirituelle Psychologie erhalten habe.

Frieden, Liebe und Glück für euch alle - bis zum nächsten Mal!

ZITATE

1. Stigler, James W., und Michelle Perry. 1990. "Mathematics Learning in Japanese, Chinese, and American Classrooms." In *Cultural Psychology: Essays on Comparative Human Development*, ed. James W. Stigler, Richard A. Shweder, und Gilbert Herdt. New York: Cambridge University Press.

2. Jump up to:[a] [b] *Woien, Sandra L; Ernst, Heidi A.H; Patock-Peckham, Julie A; Nagoshi, Craig T (2003). "Validation of the TOSCA to measure shame and guilt". Personality and Individual Differences. **35** (2): 313–326. doi:10.1016/ S0191-8869(02)00191-5.*

3. *Montes Sánchez, A (2014). "Intersubjectivity and interaction as crucial for understanding the moral role of shame: a critique of TOSCA-based shame research". Frontiers in Psychology. **5**: 814. doi:10.3389/fpsyg.2014.00814. PMC 4114200. PMID 25120517.*

4. *Giner-Sorolla, Roger; Piazza, Jared; Espinosa, Pablo (2011). "What do the TOSCA guilt and shame scales really measure: Affect or action?" (PDF). Personality and Individual Differences. **51** (4): 445–450. doi:10.1016/j.paid.2011.04.010.*

5. Matt, Susan J. 2002. "Children's Envy and the Emergence of the Modern Consumer Ethic, 1890–1930." *Journal of Social History* 36, no. 2: 283–302.

6. Stearns, Peter N. 2003. *Anxious Parents: A History of Modern American Parenting.* New York: New York University Press.

7. Tangney, June Price, and Kurt W. Fischer, eds. 1995. *Self-Conscious Emotions: The Psychology of Shame, Guilt, Embarrassment, and Pride.* New York: Guilford Press.

8. *Harder, David W.; Creenwald, Deborah F. (1999). "Further Validation of the Shame and Guilt Scales of the Harder Personal Feelings Questionnaire-2". Psychological Reports. 85 (1): 271–281. doi:10.2466/pr0.1999.85.1.271. PMID 10575992. S2CID 7656273.*

9. Jump up to:[a] [b] *Tangney, June P. (1990). "Assessing individual differences in proneness to shame and guilt: Development of the Self-Conscious Affect and Attribution Inventory". Journal of Personality and Social Psychology. 59 (1): 102–11. doi:10.1037/0022-3514.59.1.102. PMID 2213483.*

10. *Robins, R. W., Noftle, E. E., & Tracy, J. L. (2007). Assessing self-conscious emotions: A review of self-report and nonverbal measures. In J. L. Tracy, R. W. Robins, J. P. Tangney, J. L. Tracy, R. W. Robins, J. P. Tangney (Eds.), The self-conscious emotions: Theory and research (pp. 443-467).*

11. Silfver, M., Helkama, K., Lönnqvist, J., & Verkasalo, M. (2008). The relation between value priorities and proneness to guilt, shame, and empathy. Motivation and Emotion Motiv Emot, 69-80.

12. Demos, John. 1988. "Shame and Guilt in Early New England." In *Emotion and Social Change: Toward a New*

Psychohistory, ed. Carol Z. Stearns and Peter N. Stearns. New York: Holmes and Meier.

13. Erikson, Erik H. 1958. *Young Man Luther: A Study in Psychoanalysis and History.* New York: Norton.

14. Gay, Peter. 1985. *Freud for Historians.* New York: Oxford University Press.

15. Markus, Hazel Rose, und Shinobu Kitayama. 1991. "Culture and the Self: Implications for Cognition, Emotion, and Motivation." *Psychological Review* 98: 224–253.

Authors portrait

Kurt Friedrich Gassner hat im Laufe seines Lebens viele Rollen gespielt. Unter anderem war er Serienunternehmer, Kreativdirektor, Meditationslehrer, lizenzierter Hypnosetherapeut und seit kurzem auch Autor für Selbstverbesserung. Durch die Nutzung seines Erfahrungsschatzes und seiner fundierten Kenntnisse der Psychologie gibt er seinen Lesern die Werkzeuge an die Hand, die sie benötigen, um ihr unendliches Potenzial zu entfalten.

Als produktiver Selbsthilfe-Autor hat Kurt die folgenden Bücher verfasst: *Die Kunst des Vergebens, Lügen oder Sterben, Soul-Match, Kann man einen vergifteten Verstand erben? und Die Macht der Armut.* Er ist auch Autor eines Kinderbuch-Bestsellers im deutschsprachigen Raum und hat über 20 Bücher in Arbeit.

Wenn es um dauerhaften Erfolg geht, weiß Kurt, dass finanzieller Wohlstand nicht der einzige Aspekt ist, nach dem man streben sollte. Er mag ein Selfmade-Millionär sein, aber was sein Leben wirklich verändert hat, ist die Beherrschung seines Unterbewusstseins. Beharrlichkeit, persönliche Stärke, Selbsterkenntnis und das Lernen aus vergangenen Fehlern waren die wichtigsten Zutaten, um seine Träume zu verwirklichen. Er bemüht sich, diese Weisheit durch sein Schreiben an andere weiterzugeben.

In seiner Freizeit reist Kurt Friedrich Gassner entweder um den Globus, geht golfen, radelt in den Alpen, wandert oder verbringt Zeit mit seinen Lieben. Seit 37 Jahren ist er glücklich verheiratet und Vater von zwei erfolgreichen Kindern. Zurzeit wohnt er in München, Deutschland, und Kirchberg, Österreich.

An inspirational book to overcoming past trauma
POWER OF FORGIVENESS
PRACTICING SELF-FORGIVENESS
KURT GASSNER

My-mindguide.com
A practical guide for self healing and overcome past traumas
The Art Of FORGIVNESS
KURT GASSNER

My-mindguide.com
Match Me If You Can
How We Can Swipe Without Getting Hurt
KURT GASSNER

My-mindguide.com
SOUL MATCH
PREPARE YOUR BRAIN WITH HYPNOSIS TO FIND SOMEONE
WHO'S REALLY RIGHT FOR YOU
KURT GASSNER

WEITERE BÜCHER DES AUTORS

My-mindguide.com
GROW
WITH YOUR
FAILURES
GROW THROUGH YOUR FAILURES
KURT GASSNER

My-mindguide.com
WACHSE
MIT DEINEN
MISSERFOLGEN
WACHSE DURCH DEINE MISSERFOLGE
KURT GASSNER

My-mindguide.com
Lass
Los!
Verändere dein Unter- Bewusstsein, befreie dich
von materieller Abhängigkeit & wahre Lebensgeschichten
KURT GASSNER

My-mindguide.com
Let
Go
Rewire your subconscious mind with hypnosis
& cure material addiction – Real Life Stories
KURT GASSNER

My-mindguide.com
NEVER APPLIED
THE ULTIMATE POWER TO THINK AND ACT OUT OF THE BOX
KURT GASSNER

My-mindguide.com
NIEMALS BEWORBEN
DER ULTIMATIVE SCHLÜSSEL ZU UNKONVENTIONELLEM DENKEN
KURT GASSNER

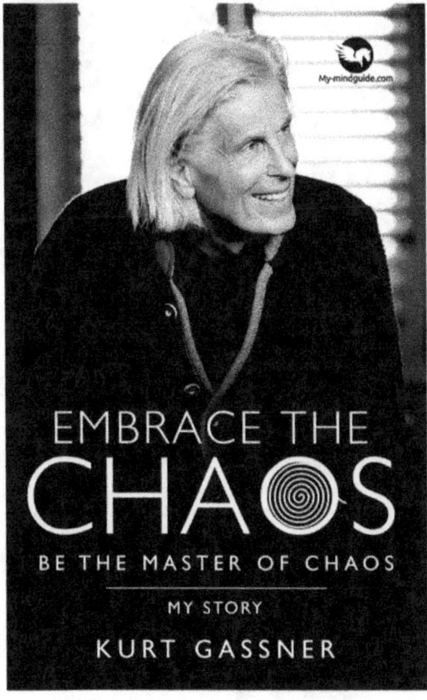
My-mindguide.com
EMBRACE THE CHAOS
BE THE MASTER OF CHAOS
MY STORY
KURT GASSNER

My-mindguide.com
DAS CHAOS BEHERRSCHEN
WERDE MEISTER DES CHAOS
MEINE GESCHICHTE
KURT GASSNER

WEITERE BÜCHER DES AUTORS

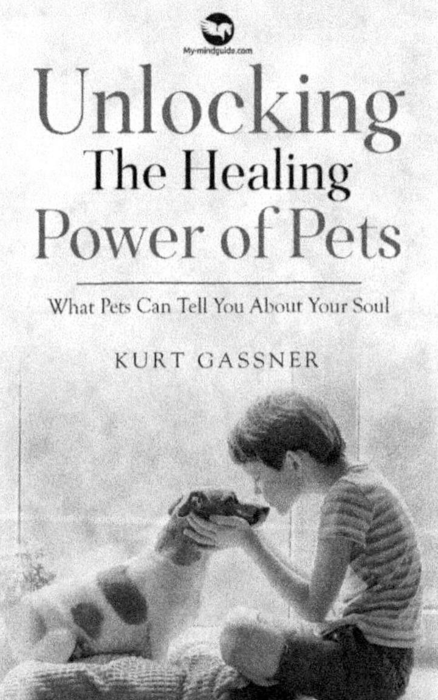

THE
BLISS OF
STRUGGLE
WINNING STRATEGIES
FOR DEMANDING TIMES
KURT GASSNER
My-mindguide.com

STARK
DURCH
„STRUGGLES"
DAS IDEALE MINDSET,
UM KRISEN ZU MEISTERN
KURT GASSNER
My-mindguide.com

LIE LYING
& LIAR
A LIE HAS NO LEGS BUT IT HAS WINGS
KURT GASSNER
My-mindguide.com

LÜGE LÜGEN
& LÜGNER
EINE LÜGE HAT KEINE BEINE, ABER SIE HAT FLÜGEL
KURT GASSNER
My-mindguide.com

WEITERE BÜCHER DES AUTORS

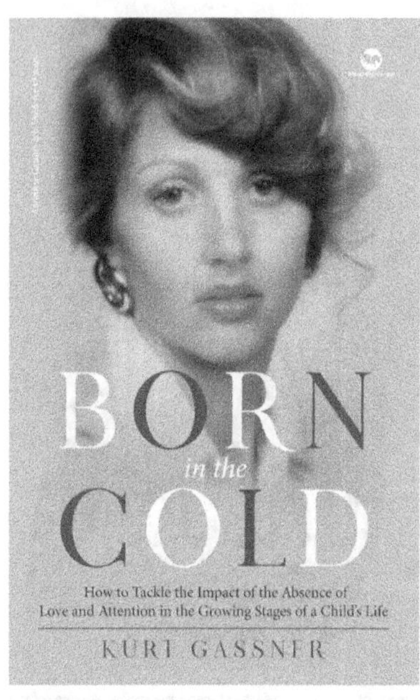

BESTSELLING AUTHOR OF
The Art Of
FORGIVNESS
AMAZON #1 BESTSELLER
My-mindguide.com
A practical guide for self healing and overcome past traumas
The Art Of
FORGIVNESS
KURT GASSNER
The Art Of
FORGIVNESS
KURT GASSNER